祖川泰治
祖川幼児教育センター 園長

1万2000人の子どもを
見てきた園長が教えます!!

続・失敗しない育児のスゴワザ52

WIRE

はじめに

「やったー、笑った！」、「ごはんをいっぱい食べてくれた！」

先日、前作の『失敗しない育児のスゴワザ51』を読まれた方からお便りが届きました…。「先生の本を読んで、早速［子どもが必ず笑うスゴワザ］を試したら、うちの子（2歳）が大笑い！ へぇ〜、こんなに単純なことなのに……、と感心しながら、毎日いろんなスゴワザを楽しく試しています」。また、ネットショップのレビューにも「3歳の息子があまり食事を食べないことが心配だったので、［食べるのが遅い、食べる量が少ない時に役立つスゴワザ］を読んでみました。そこには〝楽しい食事環境の作り方〟や〝嫌がるなら一食抜いてもOK〟など、私には思いつかなかった方法ばかりが書かれていて、目からウロコが落ちる思いで納得。同時に肩の力をフーッと抜くこともできました！」と、書かれていました。そして、一方では「本を読みましたが、いつも私がしていることばかりでした。でも、自分の育児が間違っていないことが分かり安心しました」というご意見もいただきました。ありがとうございます！

数多くのお便りからは、ママたちが真剣に育児に悩み、考え、工夫を凝らしている様子が手に取るように分かります。おかげで「日本の育児はまだまだ大丈夫」と再確認することができました。

この本には、新しいスタイルのスゴワザも盛り込みました！

私が前作で書いた51編のスゴワザは、育児のプロから見ればあたりまえのことばかりかもしれません。でも、いただいた感想をみて、スゴワザたちが微力ながらも育児中のママに役立っていると感じました。なので「私の経験や知識が、育児に悩むママの助けになるのなら…」と思い、思い切って第2弾を発行することにしました。この『続・失敗しない育児のスゴワザ52』では、前作同様の育児のヒント的なスゴワザにプラスして、パパを育児に参加させるスゴワザ、幼稚園や小学校の受験を有効に活用するスゴワザも盛り込みました。いろいろなワザを試してみて、あなたの『楽しい育児』にお役立てください。

大切な20年間の子育て期を充実の時間にしてください！

昔の人は子どものことを〝子宝〟と言いました。それもそのはず、あなたの遺伝子を持ち、かわいくて、素敵な子どもは、あなたにとって本当に大切でかけがえのない宝物です。この宝物と過ごす約20年間を、楽しくて充実したものにできれば、あなたの人生はさらに強く輝きます。なので、どうかあなた自身のためにも、毎日の育児の中で、この本に書いているスゴワザを活用してみてください。そうすれば、育児の時間はきっと楽しい時間に変わっていきますよ。

さぁあなたも、『スゴワザ』で育児の幅を広げて、迷いや悩みのない子育てを始めましょう！

目次

第2章 育児をもっと楽しもう！ 簡単＆楽チン、日常生活で使えるスゴワザ

第3章 お受験対策もこれでばっちり!? 子どもの能力をぐっと引き出すスゴワザ

第1章
子どもの可能性は無限大!成長がどんどん実感できるスゴワザ

1

『早く！早く！』を言いすぎないスゴワザ

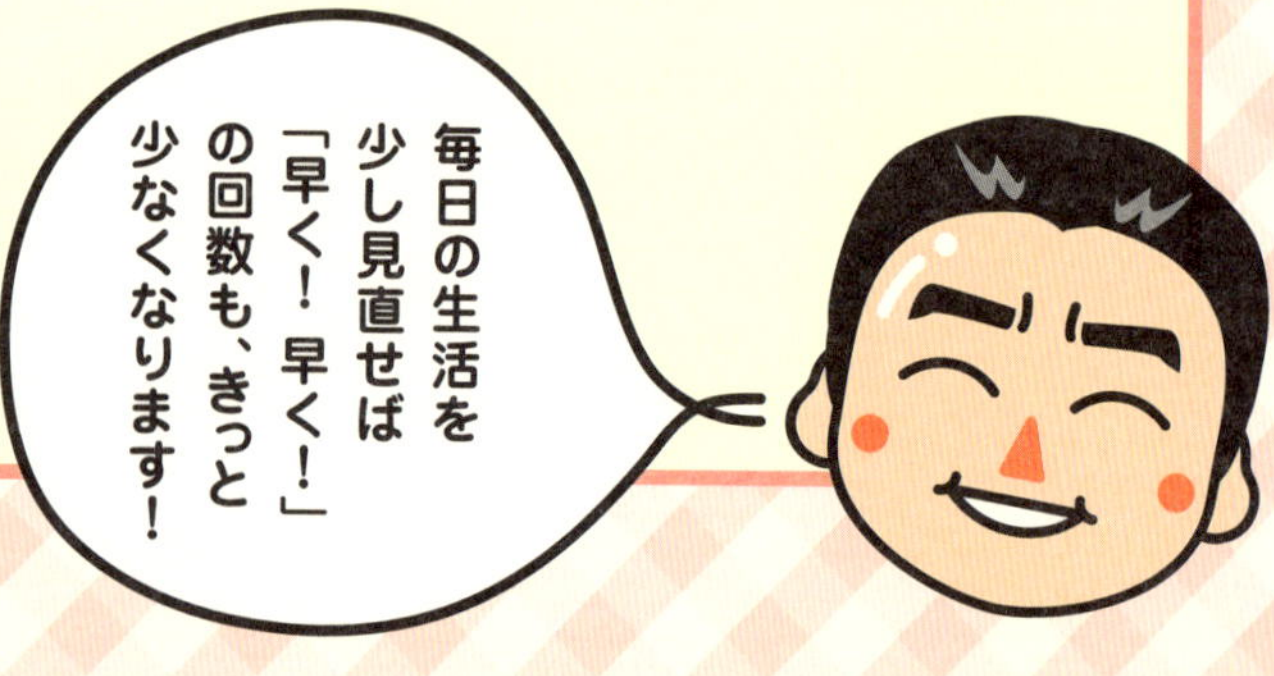
毎日の生活を少し見直せば「早く！早く！」の回数も、きっと少なくなります！

子どもの行動にイライラしてしまって、「早く！ 早く！」を使いすぎていませんか？

最近、特に感じることですが、日常生活の中で子どもに対して「早く！ 早く！」を言いすぎているお母さんが多いように思います。「早く！ 早く！」は便利な言葉ですが、使いすぎるとその効果は薄れてしまいます。ここでは日常生活における「早く！ 早く！」の効果的な使い方をお伝えしましょう。

まず、使いすぎは絶対にいけません。朝になると、起床時の「早く起きて！」からはじまり、着替え、食事、トイレまでとにかく「早く！ 早く！」。そして夕方になったら今度はお風呂や就寝の前に「早く！ 早く！」。毎日こんな生活だと大人でもウンザリです…。早く、早くと追い立てるほど、逆に子どもの動作はゆっくりになりますので、〝早く〟動いてほしい時ほど「早く！」は使わない方が良いのです。また、すでに行動を始めている時には絶対に「早く！」を使ってはダメ。やり始めていることを注意されると、子どもは一気にやる気をなくします。そんな時はとにかく最後まで待ってあげることが一番。そして、**本当に早く行動してほしい時には、「早くやって！」と大声を出す感情的な表現ではなく、具体的な言葉で早く進められる方法を教えてあげてください。**

とはいえ、現代社会はママも子どもも忙しいものです。そこで、基本的なことですが**「1に早起き、2に10分前」を試してみてください。**早寝、早起きを

早起きと余裕ある行動が、イライラしない
育児のポイントです。

すると、1日のスタートが早くなり時間に余裕が生まれます。不思議なもので、**時間に余裕があれば子どもの行動が少々遅くてもイライラしなくなるんです。**

また「なんでも約束の10分前」も効果的。すべて10分前に準備ができたら「早く」と言う必要はないですよね。つまり、「早く！ 早く！」を使いたくなければ、お母さん自身が心と時間に余裕を持つことが必要なんです。**子どもに「早く」を使うのは1日1～2回、そんな育児ならバッチリですよ。**

- 「早く！ 早く！」は、使いすぎると逆効果になります
- すでに行動している時に「早く！」と言うのはNGです
- お母さんの心と時間に余裕が持てるよう、行動してみよう

2

子どもに気を利かせすぎないスゴワザ

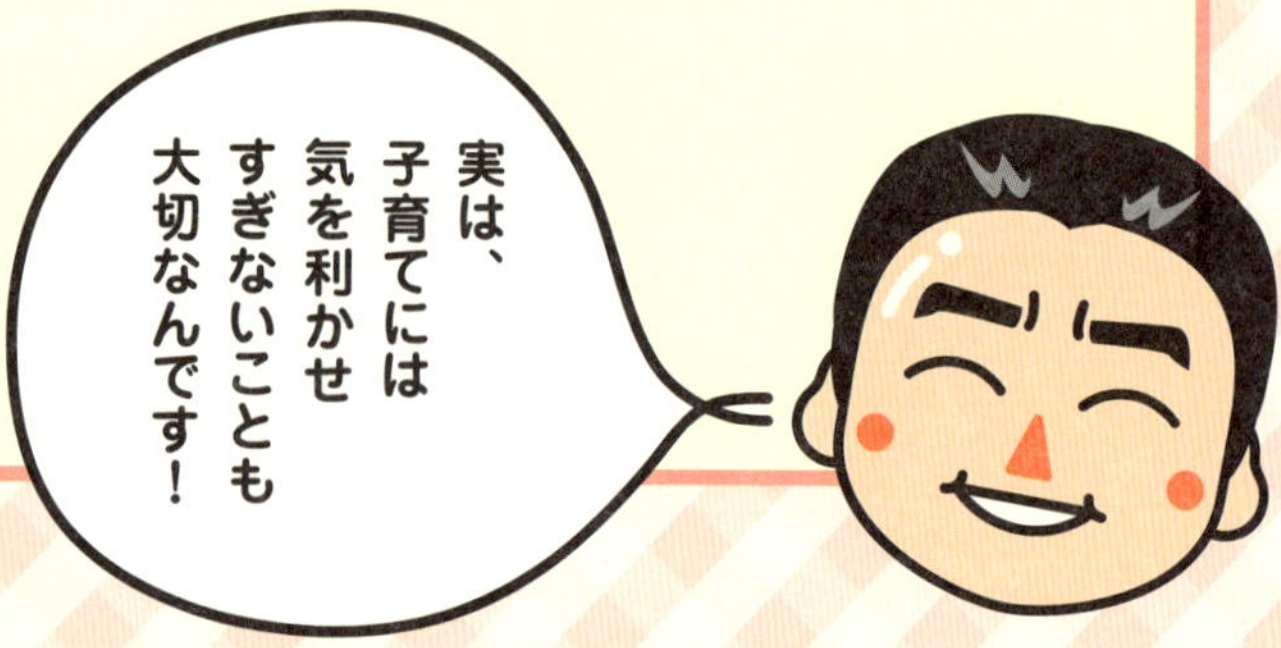
実は、
子育てには
気を利かせ
すぎないことも
大切なんです！

いつも先回りして、子どもに気を利かせることが良いお母さんの条件だと思っていませんか？

良い妻のイメージとは、気が利いていて思いやりがあるふるまいだと思います。「お風呂ですか？　はいタオル」「ご飯にはお茶？　それともビール？」。こんな風に常に先を読み、準備をしてくれる奥さんなら旦那様も幸せでしょうね。

でも、実は**子育ての中ではそんな気の利いた行動は絶対にＮＧなんです！**

子どもにとっての良い母とは、先回りして準備ができることではありません。

まず大切なのは、子どもが『自分のことは自分でする』ためにはなにが必要かを考えてあげること。その上で「一人で体を洗わせるにはどうするか？」とか、「一人で着替えてもらうためにはどうするか？」など、**具体的な目的を成し遂**

げるための行動を子どもと一緒にしてあげられるのが本当の良いお母さんなのです。正直なところ、お母さんにとっては気を利かせた先回りの育児は楽なのです。でも、それでは小学生になったらとても困ります。**お母さんが楽をする一番の方法は、子どもになんでも自分でする習慣を身につけさせることなのです。**

そして、先回りするお母さんは子どもから言葉も取ってしまいがちです。気を利かせすぎるお母さんは、「おしっこ」や「のどが渇いた」など簡単なセンテンスから子どもの意志を察知し、子どもが本来言うべき言葉を先回りして問

じっくりと話を聞いて、うまく子どもの言葉を引き出してあげよう！

いかけてしまうので、子どもは「ウン」と言うしかありません。たとえば、「のどが渇いたみたいね。ジュースと牛乳があるけど、今日はジュースが良いんじゃない？」。こんな感じで問われると、子どもに必要な返事は「ウン」だけになってしまうのです。ではどうすれば良いのでしょうか？ そのためには**言葉を省略させないことが重要です。**たとえば、子どもが「いたい」と言った時、パッと見て痛みの原因が分かっても「どこが痛いの？」「どんな風に痛いの？」などと聞いて、ゆっくりと言葉を引き出しましょう。そこで説明する経験が〝起承転結〟の理解を高め、きれいな日本語の習得にも役立ちます。ただし、急を要する状況では速やかに対処してくださいね。

- **子どもの成長のために、気の利かせすぎはNGです**
- **自分のことを自分でする習慣が身につけば、成長した時に役立ちます**
- **言葉を省略させずに、子どもの話は最後まで聞いてあげよう**

3

お薬を簡単に飲ませられるスゴワザ

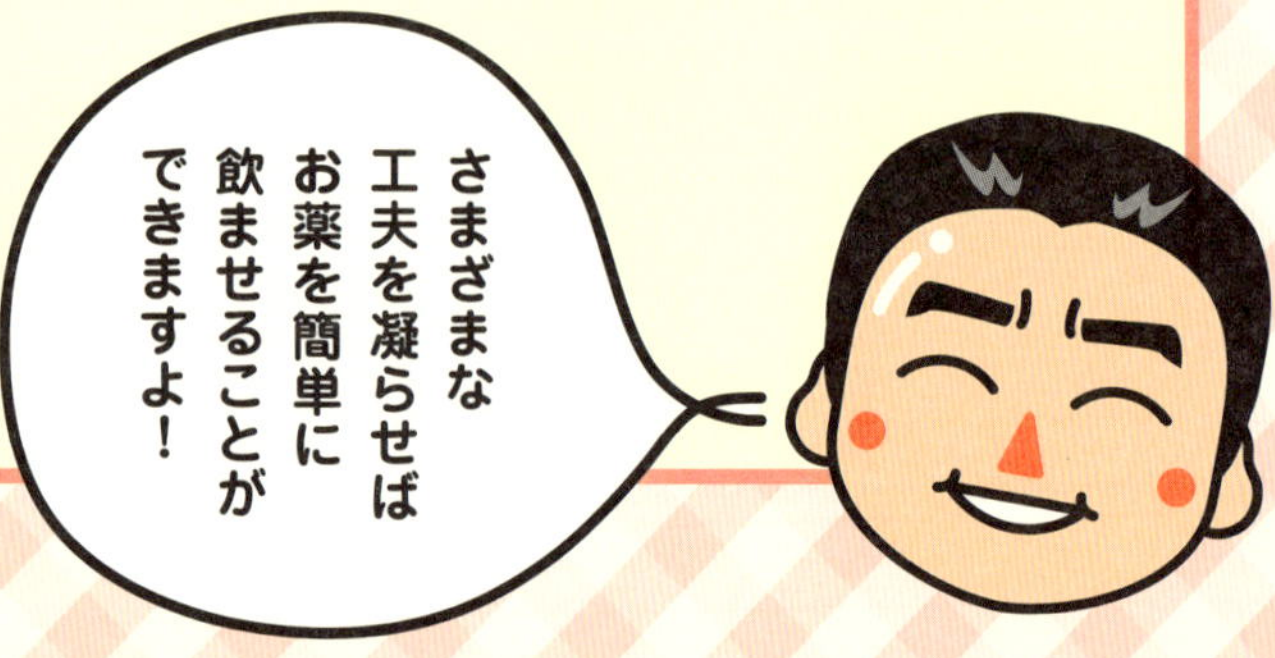
さまざまな
工夫を凝らせば
お薬を簡単に
飲ませることが
できますよ！

子どもがお薬を飲んでくれないことに困ってしまったことはありませんか？

子どもが病気になると薬を飲ませなくてはいけません。でも、「ハイッ」と渡しても、なかなかスッとは飲んでくれないものです。しかも、〝粉薬〟は飲めても〝錠剤〟が飲めなかったり、薬の味が苦手だったりと、薬が苦手な子どもにもさまざまな個性（？）があるから、お母さんはもう大変！　そこで今回は、**簡単に薬を飲ませられるスゴワザをタイプ別にまとめてみました。**

【①粉薬編】まずは、甘いジュースに混ぜて飲ませてみてください。その際にジュースが多いと残してしまうので一口分くらいの量が良いでしょう。また、好きなキャラクターのシールを貼った「お薬用の小さなコップ」を準備するのもおすすめです。**【②錠剤編】**多くの場合、子どもは〝錠剤〟そのものよりも飲み込む行為が苦手なようです。なので、イラストのようにスプーンで粉々につぶしてから、①の方法を使って飲ませてみてください。**【③シロップ編】**シロップの場合には「お薬用の小さなコップ」がとても有効です。その中でお薬とジュースを混ぜて飲ませると意外と飲んでくれますよ！

そして、ここからは少し発展したスゴワザです。液状のお薬、あるいは液状にしたお薬を1回で飲ませるには、しょうゆを入れるミニ容器を使うのも良いでしょう。1回分を容器に吸い取り、**できるだけ舌に触れないよう上あごを目**

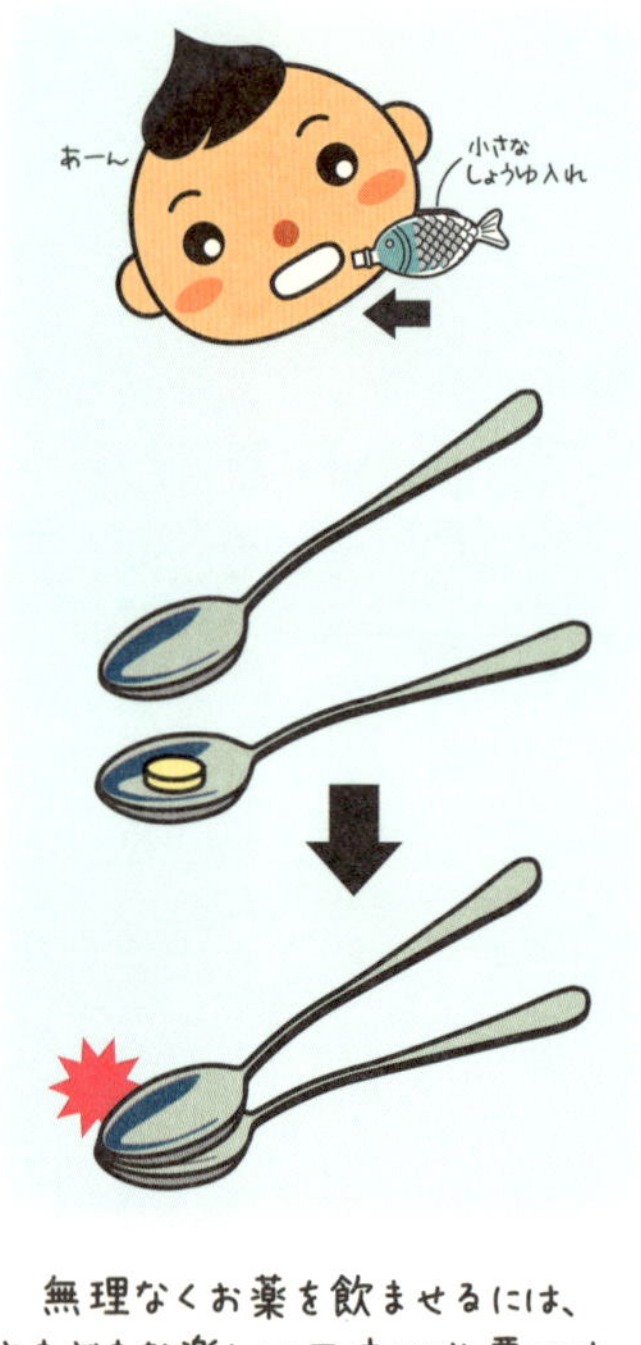

無理なくお薬を飲ませるには、
さまざまな楽しい工夫が必要です。

がけてサッと一押しで飲ませてください。 ただし、勢いが強すぎるとムセてしまうので要注意。そして最後のスゴワザ！ まずアイスキャンディーをなめさせます。その後、ミニ容器を使ってお薬を飲ませ、その後にも再びアイスキャンディーをなめさせてください。お薬の味が苦手でも、こうして**少し味覚をマヒさせれば飲んでくれますよ！** 補足ですがアイスキャンディーはチョコ味のような甘いものより、ソーダなどさっぱり味の方が効果があります。

- お薬用に小さなコップを用意しておくと便利ですよ
- お弁当に入れる、しょうゆ用のミニ容器をうまく活用しよう
- アイスキャンディーを使って少しだけ味覚をマヒさせるのもおすすめ

4

子どもが目薬を嫌がらないスゴワザ

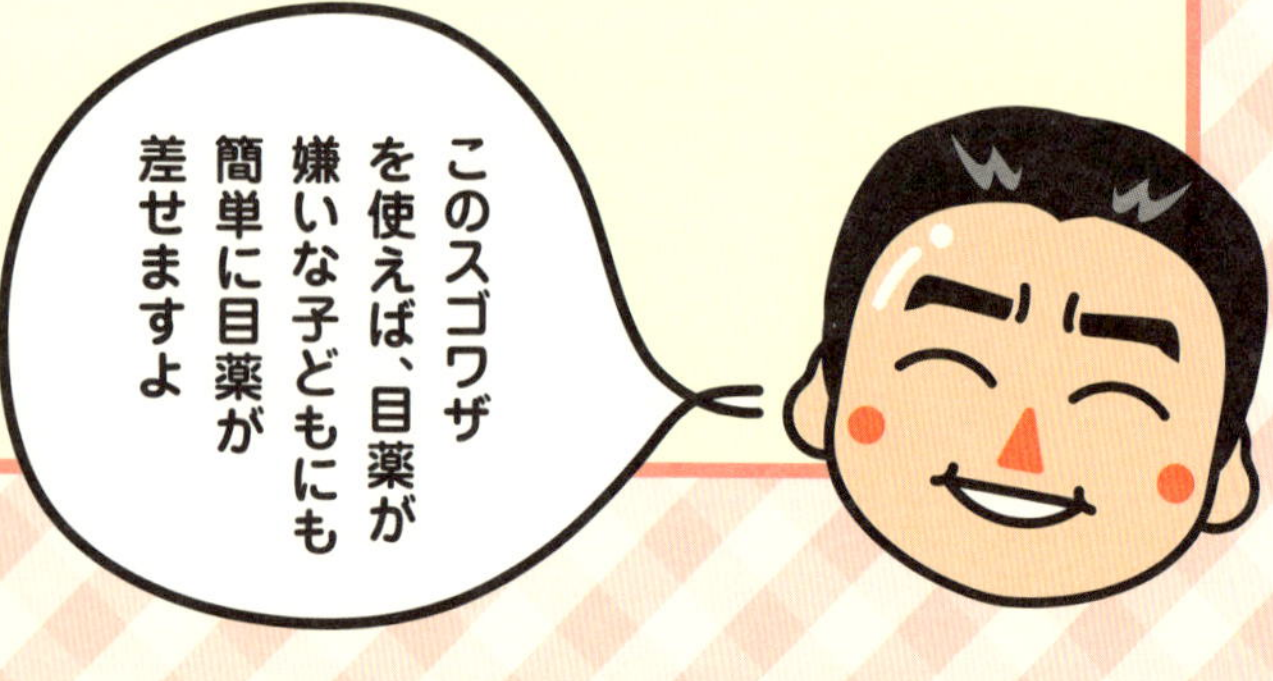
このスゴワザを使えば、目薬が嫌いな子どもにも簡単に目薬が差せますよ

子どもが目薬を嫌がって困ってしまったことはありませんか？

小さな子どもに目薬を差すのはとても難しいですよね。子どもの目を指で開けて目薬を差そうとすると、急にギュッと固く目をつむったり、強い力でプイッと顔をそむけたり、なかなか上手くいきません。そんな悩みを解消するために、**お母さんがストレスなく目薬を差せるスゴワザをお伝えしま**

目、つむってても
いいの？
目頭に
のせるように
たらし、
下まぶたを
何度も動かすと
うまくいきます。

「目薬はコワイもの」という、
恐怖心を取り除いてあげよう。

す。

まず、両目をつむらせたままの子ども（赤ちゃんにも有効）をあお向けに寝かせます。そして、「そのまま目をつむっていてね」と声をかけながら、**目頭のくぼみに目薬を1〜2滴落としてください。**そこですかさず、下まぶたを軽く〝アッカンベー〟をするように下へ動かしてあげるのです。下まぶたを少し動かせば目薬はうまく目に入っていきます。この方法なら力ずくで体を押さえ込んだり、無理矢理に目を開けたりしなくてもよいので、目薬がスムーズに差せますよ！ そして目薬が入ったら、**目をつむったままクルクルと回すように指示してください。**こうすることで目薬がいきわたり、より薬効も高まります。

- 目をつむらせたまま、目頭に1〜2滴落とすのがポイントです
- 目薬が目に入っても、すぐには目を開けさせないようにしよう

5

口をポカンと開けさせないためのスゴワザ

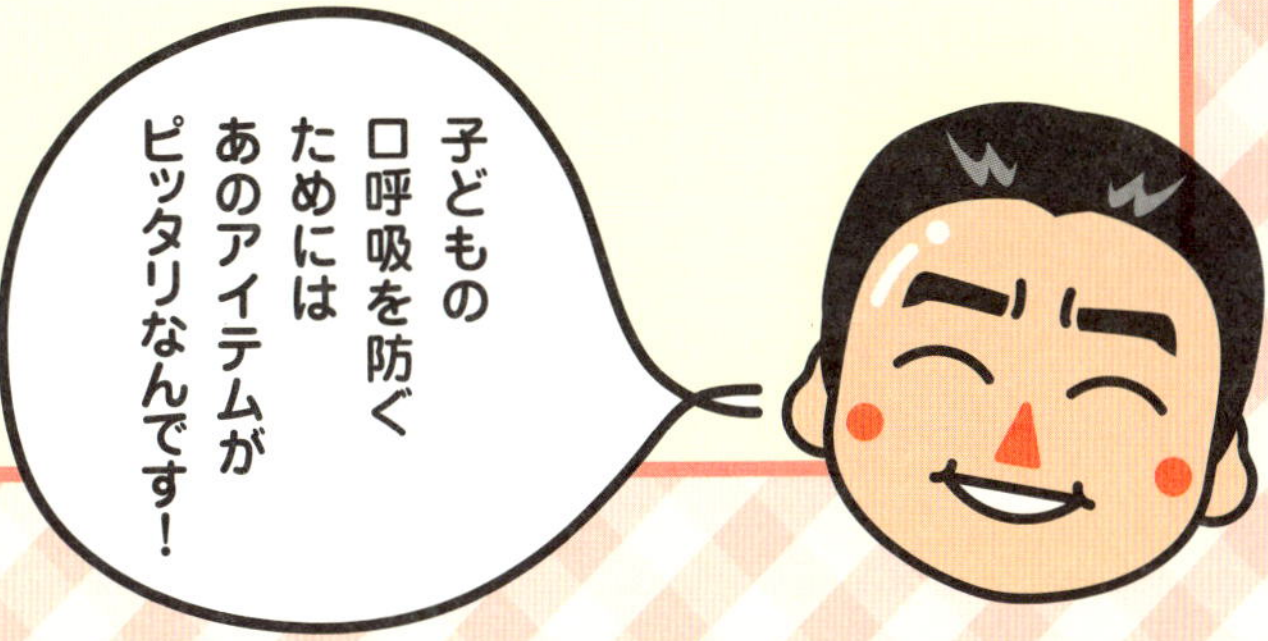
子どもの
口呼吸を防ぐ
ためには
あのアイテムが
ピッタリなんです！

子どもが口をポカ～ンと開けている姿に恥ずかしい思いをしたことはありませんか？

子どもというのは、起きている時には憎らしかったり腹が立ったりするものですが、スヤスヤと眠っている姿は本当にかわいいものです。「子どもの寝姿を眺めている時に幸せを感じる」というお母さんも多いのではないでしょうか？ここでは、その眠りから派生した大事なお話をしてみましょう。

言うまでもありませんが、**睡眠時は口を閉め、鼻で呼吸をするのが人間の本来の姿です。**ですが最近は私の保育園でも、お昼寝の時に鼻ではなく口で呼吸をする園児が増えているのです。そして、口呼吸で昼寝をしている子どもは、だいたい起きて活動している時も口呼吸をしていることが多いのです。読者のみなさんは「鼻でも口でも、呼吸ができたら良いんじゃない？」と思われるかもしれませんが、とんでもない！ 実は、**口呼吸だと空気中に存在するウイルスや細菌を体の中へダイレクトに取り込んでしまうので、風邪や気管支炎など、ウイルス性の病気になる確率が高くなってしまうのです。**

それは大変！ では、口呼吸を鼻呼吸にチェンジするにはどうすれば良いのでしょうか？ それをお伝えするのが今回のスゴワザです。と、言ってもやり方は本当に簡単。**幼稚園の年代になってもおしゃぶりをくわえさせれば良いのです。**日本では【おしゃぶり＝乳幼児】だという認識がとても強いのですが、欧米では口呼吸を防ぐ目的で、

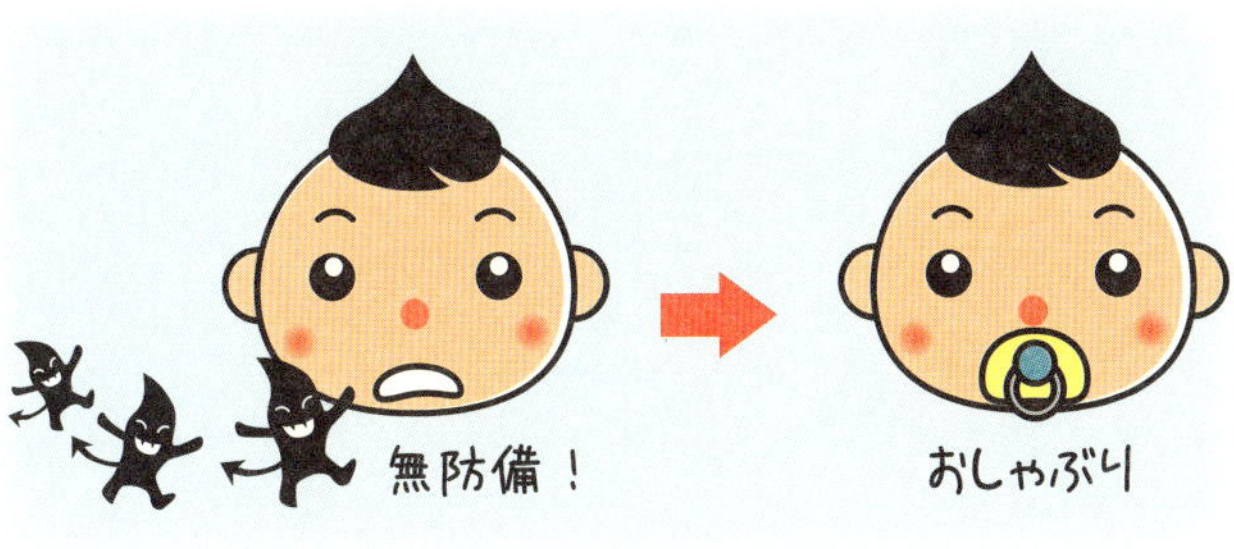

おしゃぶりを上手に使って、病気にならない体をつくろう！

睡眠時には5～6歳児でもおしゃぶりをくわえているケースも多くあるのです。4歳をすぎてのおしゃぶりはちょっとかっこ悪いかもしれませんが、**口呼吸をやめさせて、鼻での呼吸が中心になるようにしてあげることがなにより大切なのです。**もともと子どもはおしゃぶりが大好きですから、家にいる時は積極的にくわえさせてみてください。そうすれば、口をポカ～ンと開けることもなくなっていきますよ！

- 口呼吸する子どもはウイルス性の病気にかかりやすくなります
- 鼻の奥にある鼻腔は、外気の湿度や温度を体に適当なレベルまで調節したり、ウイルスや細菌をブロックする働きを持っています
- 口呼吸を鼻呼吸にチェンジさせるには、おしゃぶりが有効です

6

ケガに負けない強い体をつくるスゴワザ

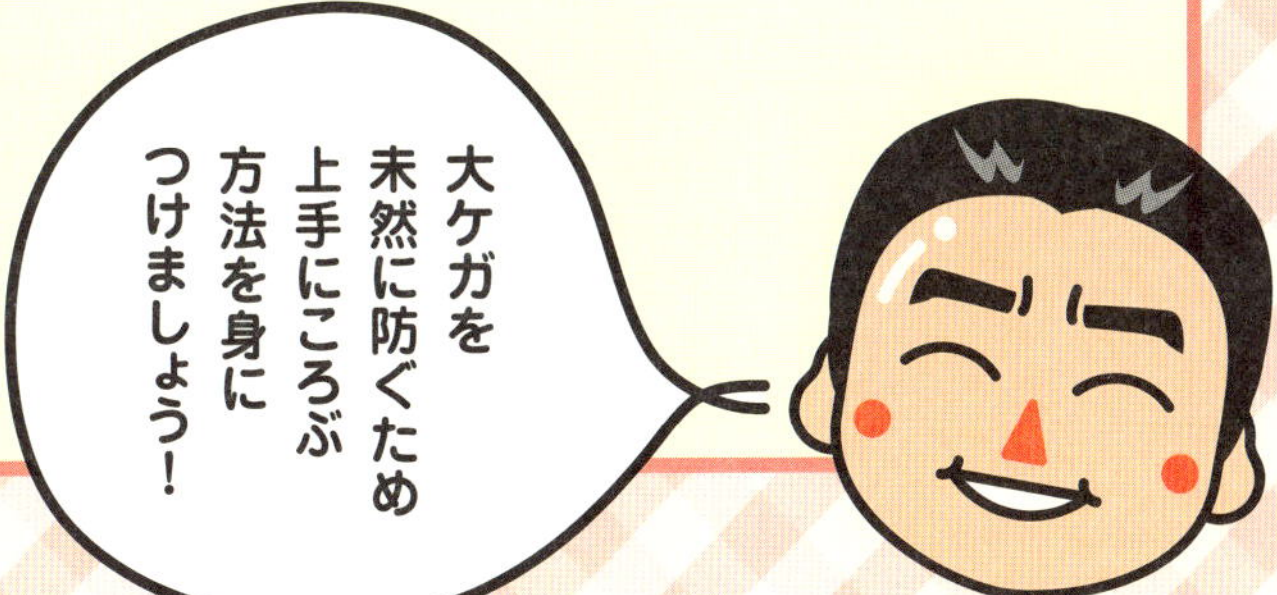
大ケガを未然に防ぐため上手にころぶ方法を身につけましょう！

ケガに負けない、たくましい体に成長してほしいと、思ったことはありませんか？

今回は〝上手にころぶ〟スゴワザです。

こう書くと「〝ころぶ〟ことにスゴワザなんてあるの？」という疑問の声が聞こえてきそうですが、**実は〝ころぶ〟は子どもの頃に身につけてほしい大事な体の動かし方なのです。**

とにもかくにも小さい頃はしょっちゅうころんでください。上手にころぶ子どもは

楽しくコロコロ。こんな遊びが体を強くしてくれます。

お相撲さんみたいにコロンところぶので、なかなかケガをしません。ところが、**ころぶのが下手な子どもは、ころんだ時にうまく手が出ないので思わぬ骨折など、ケガをしやすくなってしまうのです。**

そこでころぶ練習ですが、これはお布団の上での〝相撲ごっこ〟が最適です。ころび方を上達させるには、**なんと言ってもころんだ回数がモノを言います。**ケガをしないように布団を敷いて、何度も何度も子どもをころがしてください。そうすればだんだんころび方が上手になり、ケガをしにくい体が作られていきます！ そして、この練習を何度も繰り返すことは足腰のトレーニングにもなりますよ。

- **小さな頃にたくさんころぶことが、強い体をつくる基礎となります**
- **お布団の上での〝相撲ごっこ〟でころび方を覚えよう**

7

勇気や思い切りを身につけるスゴワザ

どんなことにも挑戦していく勇気や思い切りを身につけてほしいと、思ったことはありませんか？

前回の〝上手にころぶ〟に引き続き、今回は〝上手に飛びおりる〟スゴワザです。大人になるとさすがに〝飛びおりる〟ことは少なくなりますが、実はこの動作の中には、**体のクッションを使って地面からの衝撃を和らげる動きや、高いところから飛びおりるという『決断力』や『勇気』など、高度な運動能力や判断が必要なのです。**「たかが飛びおりるだけなのに、そんな大袈裟な」と思われるかもしれません。でも、この練習をしないでおくと、「高いところから飛びおりるという運動能力」も「どんなことにも挑戦してやろうという勇気」も養われません。私の経験になりますが、人生で初めて勇気を出したのは塀の上からのジャンプと、川遊びでの岩の上からのジャンプだったように思います。大きい子が飛びおりるのをうらやましく見ていましたが、ある日覚悟を決めて飛びおりました。そして運良く成功！　何十年も前の話ですが、**あの時の達成感と嬉しさは今でもしっかりと覚えています。**

さて、ここからはジャンプのスゴワザです。**ジャンプのポイントはとにかく着地です。**慣れていない子どもはたいていかかとから着地してしまい、衝撃をうまく吸収させること

着地はつま先から！を覚えることで、
子どもの世界は広がります。

ができず、足首やひざに大きなダメージを受けてしまうのです。ですので、まずは**「着地する時は必ずつま先から！」**としっかり教えてから、つま先を意識させる練習をさせてあげましょう。そのために、最初はかかとを上げ下げする練習からはじめ、次につま先だけで立つ練習へ。そして、最終的にはつま先だけで歩けるようにさせてください。ここまでできたら着地も怖くありません。20〜30㎝の小さなブロックからスタートして、最終的には背丈くらいの高さまで…。**見守るお母さんは少し不安を感じるかもしれませんが、子どもが勇気を振り絞る瞬間をしっかりと見守ってあげてくださいね！**

- 〝飛びおりる〟経験が、子どもの成長を大きく加速させます
- つま先から着地することが、安全なジャンプにはかかせません
- 少し不安でも、子どもにはたくさんの挑戦をさせてあげよう

8

壁に絵を描き発想力を高めるスゴワザ

自由に、大きく
絵を描いて
もらうためには
壁画を描かせるのが
一番なんですよ！

自由な発想を持った、スケールの大きい子どもになってほしいと、思ったことはありませんか？

幼児教育で大切なことに〝書くこと〟や〝描くこと〟があります。クレヨンやえんぴつなど、さまざまなペンを使っていろんなモノを描く（書く）ことで、子どもの手先はどんどん器用になるのです。そしてここからがポイント。ペンを持ち始めたばかりの小さい子どもには、**まずは文字よりも絵を描かせてあげてください。**「真っ白なキャンバスへ自由に絵を描く」。この動作が子どもの発想力を刺激し、最後まで描ききることが大きな自信にもつながっていきます。

さて、〝絵を描く〟となると、どうしても机とイスを用意して「きちんと座って描こうね」となりますが、それはあまりおすすめできません。もちろん、床や机の上に置いた紙に絵を描かせてもOKですが、うつむきながら絵を描くと背中が丸まってしまうので、このスタイルは少し大きくなってからが良いと思います。また、机の上のお絵描きだと、描きたい世界を縦に広げることが難しくなり、絵のスケールもだんだん小さくなってしまいます。だから、**スケールの大きな絵を自由に描いてもらうためには、不要になったカレンダーや模造紙などの大きな紙を壁に貼って、壁画を描かせてあげるのが最適です！** 全

自分の思いを、自由に絵で表せるってステキなことですね！

身を使って大きな絵を描くことは、子どもにとってこの上ない喜びとなります。こんな経験をさせてあげれば、きっとお絵描きを好きになってくれますよ。また、絵を描く時にはいろいろと話かけをしてください。手の動きと口の動きを連動させると雑念が入りにくくなり、思ったことや感じたことを素直に描いて表現できるのです。

最後にお願いです。子どもが描いた絵は、たとえどんな仕上がりでも必ず褒めてあげてください。特に、「なにこれ？」とか「変な絵…」など、**子どもの自信ややる気を奪ってしまうネガティブな感想は絶対にＮＧ。**絵は感情のバクハツです。自分の感情を絵で表現できたことを評価してあげてくださいね。

- 〝書くこと〟や〝描くこと〟は、幼児教育の基本となります
- 壁をキャンバスにすると、上下左右に広がる大きな絵が描けます
- 完成した絵はとにかく褒める！　ネガティブな感想はＮＧです

9

おうちで簡単に散髪ができちゃうスゴワザ

子どもの髪を
おうちでも簡単に
カットできる
散髪のスゴワザが
あるんです！

子どもを散髪に連れて行って泣かれたことはありませんか？

小さな子どもは長い時間じっとしているのが苦手です。また、人見知りも強いので、**基本的に散髪屋さんを嫌がるものです。**そんな時、お母さんは「それなら私が！」とハサミを握るのですが、これがなかなか難しい。悪戦苦闘したあげくに「やっぱり散髪屋さんへ行こう」なんてことも…。そこで、今回は特に難しい〝前髪をそろえて切る〟スゴワザです。具体的な方法は、次ページのイラストで分かりやすくまとめていますので、ぜひチャレンジしてみてください。やってみると楽しいですし、**家計の節約にもなりますよ！ ちなみに、おうちで散髪する場合はお風呂場か、晴れた日のベランダがおすすめです。**

・一般的に小さな子どもは散髪屋さんが苦手なものです
・子どもとの散髪タイムは、楽しいスキンシップのひとときになります

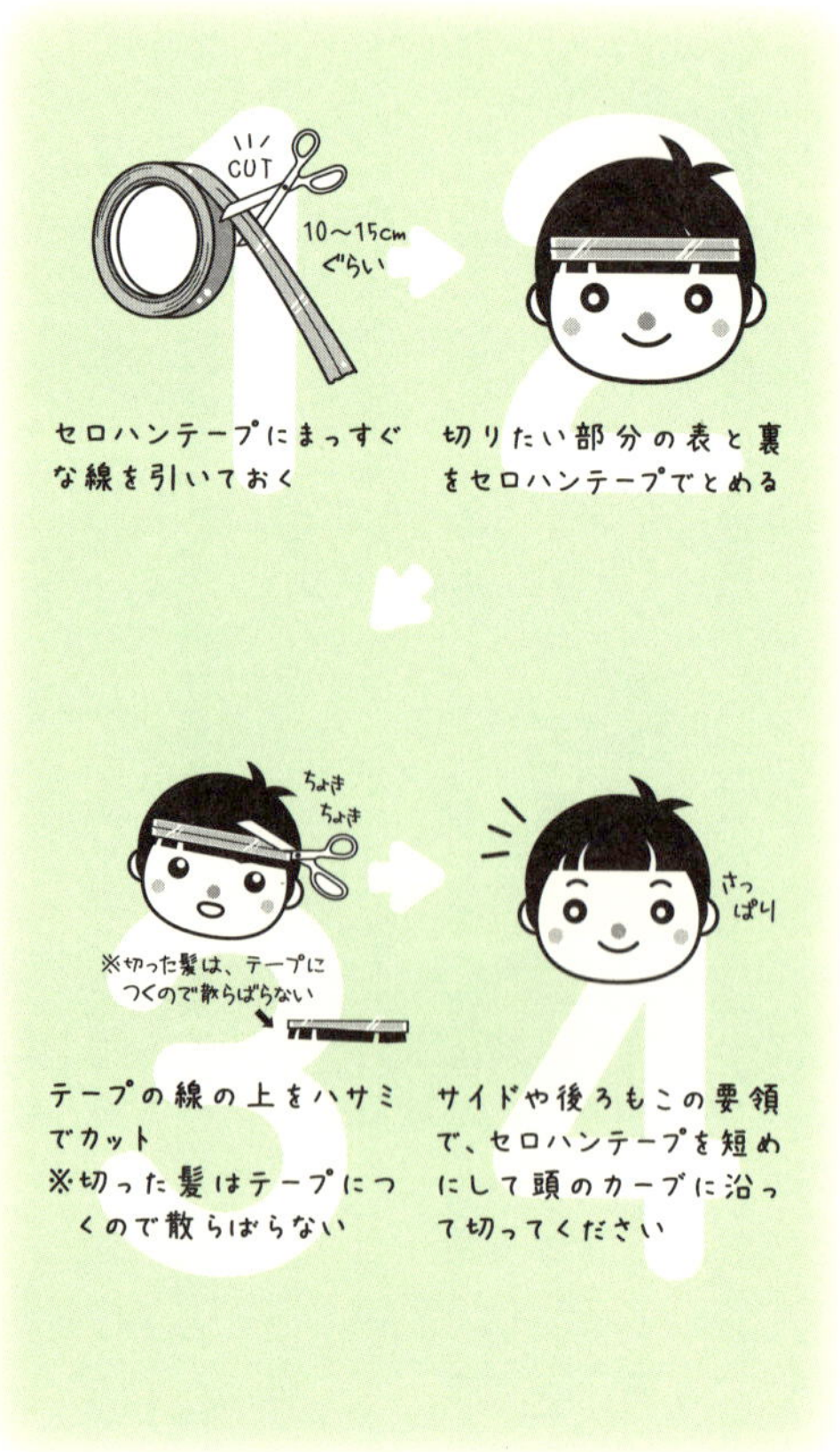
CUT
10〜15cm ぐらい
セロハンテープにまっすぐな線を引いておく
切りたい部分の表と裏をセロハンテープでとめる
ちょきちょき
※切った髪は、テープにつくので散らばらない
テープの線の上をハサミでカット
※切った髪はテープにつくので散らばらない
さっぱり
サイドや後ろもこの要領で、セロハンテープを短めにして頭のカーブに沿って切ってください

幅の広いセロハンテープと
細いマジックがあればOK!

10

『首すわり』のタイミングをチェックするスゴワザ

『首すわり』ができているかどうかを、簡単にチェックできるスゴワザです！

いつになったら『首すわり』が完了するのかなと、心配になったことはありませんか？

「オギャー」と産まれた赤ちゃんは、〝ミルクを飲む〟と〝スヤスヤ眠る〟を繰り返し、3～4ヶ月頃までに体重が約2倍へと成長します。そして、この時期にはゆっくりと『首すわり』も進んでいきます。ここでは、**赤ちゃんの首がすわるまでのプロセスをチェックしていくスゴワザをお伝えします。**

【①1ヶ月頃】両手を持って赤ちゃんの体を引き起こそうとしても、イラストのようにダラーンとしたままで、ほとんど首はついてきません。**【②2ヶ月頃】**引き起こそうとすると、首に力を入れようと少しだけ首がついてくる段階です。〝首すわり〟まではまだまだですが、1ヶ月の頃と比べると少ししっかりして

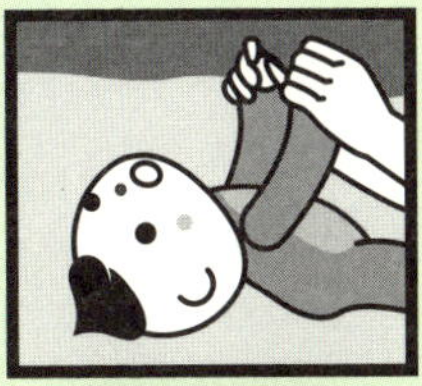

1ヶ月頃

①ダラーンとして首がついてこないのが普通。早い赤ちゃんだと一瞬クイッと顔を上げようとすることもあります。

2ヶ月頃

②まだ首はすわっていませんが、毎日少しずつしっかりしていきます。

3ヶ月頃

③だいぶん首がすわってきます。でも、まだ左右に動かせるような余裕はありません。

4ヶ月頃

④うつぶせの姿勢からしっかり顔を上げられれば大丈夫。ここから赤ちゃんの世界はどんどん広がっていきます！

きています。**【③3ヶ月頃】** だんだんと首がすわり始めます。両手を持って引き起こそうとすると、首を持ち上げたり、首に力を入れようとしているのが分かります。**【④4ヶ月頃】** この頃になるとイラストのようにしっかり首がついてくる赤ちゃんが多くなります。

最終的には「うつぶせの姿勢にした時に、しっかり顔を上げて首を左右に動かせる」ことが〝首すわり〟完了のサインとなります。 ただし、赤ちゃんによって個人差がありますので、あくまでも目安として参考にしてくださいね！

- 『首すわり』の完了までには、分かりやすいプロセスがあります
- うつぶせから顔を上げ、左右に動かせれば『首すわり』は完了です

11

『おすわり』のタイミングをチェックするスゴワザ

『おすわり』ができるまでの体の成長を、簡単にチェックできるスゴワザです！

いつになったら『おすわり』ができるのかなと、心配になったことはありませんか？

前回の『首すわり』に続き、今回は赤ちゃんが『おすわり』をできるようになるまでのプロセスをチェックするスゴワザです。赤ちゃんの運動神経の発達は首から足の方向へと進みます。首がすわり始めると、次に手・腰・足へと筋力の発達や神経の伝達が進んでいき、そして**腰や足まで発達していくことで体全体のバランスが取れるようになり、おすわりも可能になるのです。**

【①3ヶ月頃～】 赤ちゃんの腰や足が発達しているかどうかをチェックするには、両方のわきの下を持って体を持ち上げるのが一番です。3～4ヶ月頃であればまだ両足が下がっているのが普通です。この状態は「おすわりにはまだ時

3ヶ月頃〜

持ち上げても両足は下がったままです。でも、この時期であればこれが普通ですので心配はありません。

6ヶ月頃〜

両足をキュッと引き上げた状態を“空中ジャンピング”と言います。この動作が出ればおすわりもうすぐです！

おすわりを嫌がる場合は無理をさせてはいけません。成長の進度は子どもによって違うので、お医者さんに相談の上、あせらずに待ってあげましょう。

間がかかるよ!」という、赤ちゃんからのサインなのです。【②6ヶ月頃〜】この時期に同じように赤ちゃんを持ち上げてあげると、両足をジャンプするようにキュッと引き上げる動作をします。これは、腰と足がしっかりと成長している証拠なので、この動作には**「もうすぐおすわりできるよ!」**という赤ちゃんからのメッセージが込められていると思ってくださいね。

また、ごく少数ですが「どうしてもすわるのがイヤ!」という赤ちゃんもいます。**そんな場合は無理をさせず、かかりつけの医師に診てもらってください。**

- **運動神経の発達は、成長とともに首から足方向へ進んでいきます**
- **体を持ち上げると、腰や足の発達の進度が分かります**

12

『ハイハイ』を自然に始めさせるスゴワザ

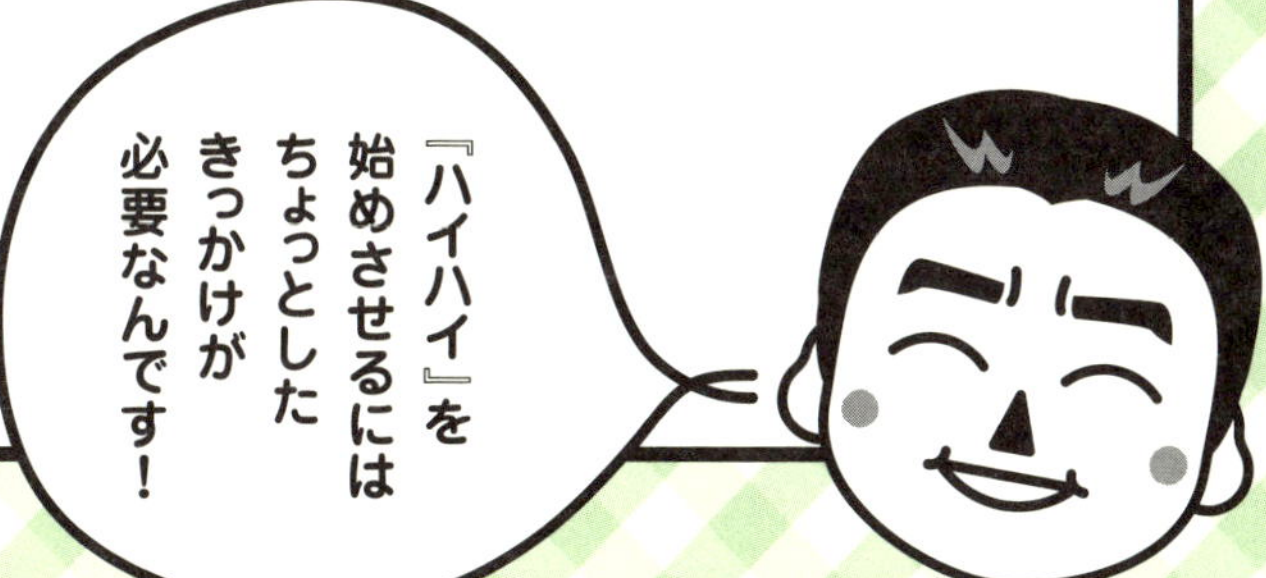
『ハイハイ』を始めさせるにはちょっとしたきっかけが必要なんです！

早く『ハイハイ』を始めてほしいなと、思ったことはありませんか？

『首すわり』を経て『おすわり』をクリアすると、今度は『ハイハイ』が始まります。でも、**赤ちゃんによって『ハイハイ』を始める時期は本当にバラバラ**ですから、この月齢の子どもをお持ちのお母さんの中には「まだかなぁ？」と心配をされている方も多いと思います。そこで今回は『おすわり』期の赤ちゃんに『ハイハイ』を促すスゴワザをお伝えします。

【①ラッコ抱きで首を持ち上げる練習】ハイハイをするためにはうつぶせの姿勢で首を上げ続けなくてはなりません。赤ちゃんにとってこの動作はとても大変なので、お母さんのサポートが必要です。方法は簡単。お母さんが上向きに寝ころび、お腹の上でうつぶせをさせてあげてください。このスタイルを保ちつつ、顔を見合わせ笑いかけてあげることが、自然と首を持ち上げる練習になるんです。**【②おもちゃを置いて手を伸ばす練習】**うつぶせの姿勢から前に進むには「前に行こう！」という意欲が必要です。ですので、赤ちゃんがうつぶせの姿勢になったら30㎝くらい前方におもちゃを置いて、それを取りに行くよ

顔を見合わせながら
笑いかけてあげよう。
ラッコさん
だよ～
大好きなおもちゃで
赤ちゃんの意欲を高めよう。
よいしょ、よいしょ
"前に進む"感覚を
教えてあげよう。

赤ちゃんとのコミュニケーションを
楽しみながら行うのが一番。

うにしてください。最初は手を伸ばすだけでもOK。こんな動きの積み重ねが前進につながっていきます。**【③足の裏に〝止め〟をつくる】**お腹が出っ張っているこの頃は、足を動かしても空中でバタバタするだけとなります。〝床をける〟感覚をつかむため、お母さんは自分の手を足の裏に当てて〝止め〟をつくり、**「曲げた足を伸ばせば体は前に進む」という感覚をつかませてください。**

『ハイハイ』は本当に個人差の大きい動作ですし、子どもによっては『ハイハイ』をせずに『ひとり歩き』へ進むケースも多いですので、あせる必要はまったくありません。練習の際には顔と顔をしっかり見合わせて、表情のやりとりをいっぱいしながら、母と子のコミュニケーションも楽しんでくださいね！

- **赤ちゃんによって、『ハイハイ』を始める時期に差があります**
- **『ハイハイ』をさせるために、3つの方法を試してみよう**
- **『ハイハイ』を始めるのが遅くても、あせる必要はありません**

13

『ハイハイ』のスタイルをチェックするスゴワザ

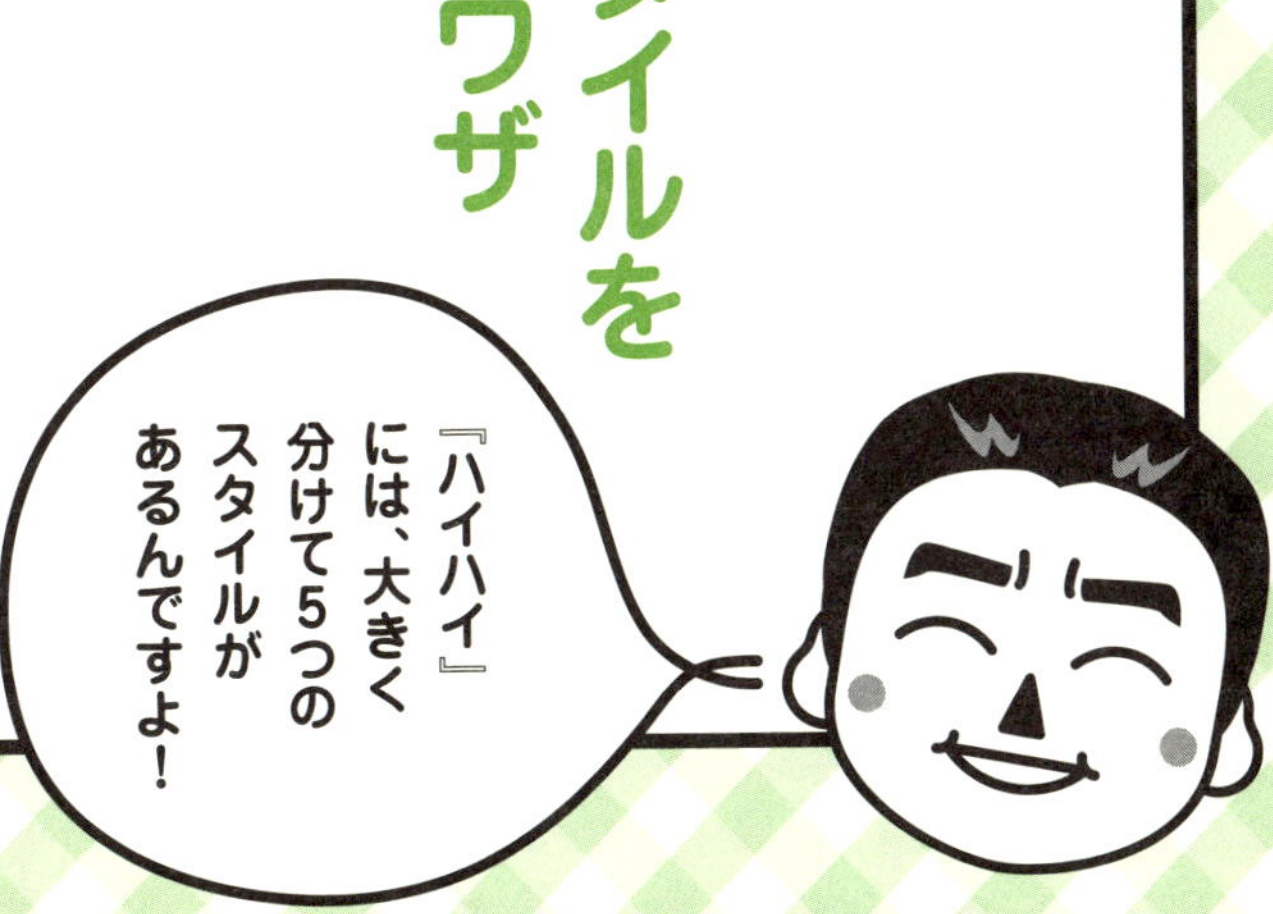
『ハイハイ』には、大きく分けて5つのスタイルがあるんですよ！

『ハイハイ』のスタイルがおともだちと違っているかもと、心配になったことはありませんか？

赤ちゃんの成長における『ハイハイ』とは、「手と足の両方を使って移動すること」。なので、それさえクリアすればどのようなスタイルでもまったく問題はありません。でも、ときどき私のところに**「うちの子のハイハイが変なんです！」と相談にくるお母さんがいらっしゃいます。そんな時は「問題ありませんよ」と答えますが、お母さんが不安がる気持ちも分かります。**なのでここでは、この時期によく見られる『ハイハイ』のスタイルを紹介してみましょう。

【①ポピュラーなハイハイ】両手と両ひざ、両足首を床についておしりを上げて進みます。慣れるとスピードも速いですよ。**【②手だけで移動】**手だけで進

1
ごく一般的なハイハイです。ずりばいからこのスタイルに移行する赤ちゃんが多いですね。
2
ハイハイ時期のはじめによく見られます。後ろにも上手に移動できますよ！
3
こちらも初期に多いスタイルです。運動神経の発達とともにだんだんとおしりが上がります。
4
このスタイルの赤ちゃんは、一般的なハイハイに移行せずにつかまり立ち期へと成長する傾向があります。
5
ハイハイ時期の後期に見られます。こうなるとつかまり立ちはもうすぐです。

むのがこのスタイル。両手をクロールのように使い、上手く前後に移動します。

【③ずりばい】ほふく前進のようにおしりを上げずに移動します。『ハイハイ』を始めた頃に多いですね。**【④シャフリング】**おすわりのままジャンプして移動します。足腰をあまり使わないのでその後の発育が少しゆっくりになる傾向もありますが、まったく心配はありません。**【⑤高ばい】**ひざをつかない『ハイハイ』。普通の『ハイハイ』が進化するとこのスタイルになります。

この時期につかまり立ちも始まります。さぁ『ひとり歩き』ももうすぐです！

- 手と足を使って移動ができていれば、どんなスタイルでもＯＫです
- 『高ばい』を始めるようになったら、ハイハイ時期も終了間近です

14

『つかまり立ち』から『ひとり歩き』へ移行させるスゴワザ

いくつかのポイントをクリアすれば『ひとり歩き』はもうすぐです！

早くひとりで歩いてほしいなと、思ったことはありませんか？

赤ちゃんによって個人差はありますが、『おすわり』や『ハイハイ』の時期には平行して『つかまり立ち』へのチャレンジもスタートします。ただし、**『つかまり立ち』には〝ころぶ〟という危険もありますので、早すぎるチャレンジにはリスクがあります。** ここでは『つかまり立ち』のタイミングを見極め、さらにそこから『ひとり歩き』へと移行させるためのスゴワザをお知らせします。

運動神経が発達していない赤ちゃんは、ころんだ時に手を前に出せないのでとても危険。ですので、お母さんは発達の進度を見極めながら『つかまり立ち』へのチャレンジをさせてあげましょう。では、どうするか？ 実は、**そんな時には〝パラシュート反射〟のチェックが役に立つのです。** やり方はとても簡単。

赤ちゃんの両わきをかかえて、水平に抱っこをします。そして、その体勢からいきなり前に体を傾けると、赤ちゃんは「ハッ！」としたように両手を前に出すのです。このことを〝パラシュート反射〟と言います。だいたい9～10ヶ月頃になるとこの反射が出るようになるので、お母さんはチェックしてあげてくださいね。**反射を確認できるまでは『つかまり立ち』へのチャレンジを控えるのがおすすめです。**

そして『つかまり立ち』ができた

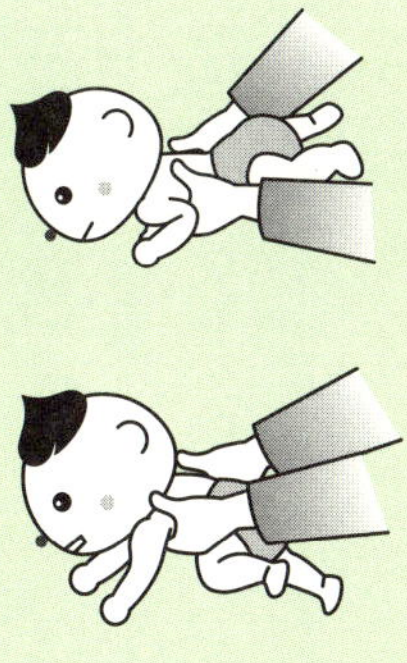

“パラシュート反射”は簡単にチェックできます。

背伸びをしたりバンザイをしたら、『ひとり歩き』はもうすぐ！

ら、次は『つたい歩き』です。赤ちゃんは壁や机を持って一生懸命に移動しますので、お母さんは壁から手が離れないように注意してあげてください。だんだんスピードが上がり、『つたい歩き』に慣れてくればあんよの準備はOKです！ **そして、『つかまり立ち』をしている時に赤ちゃんがかかとをあげて背伸びをしたり、自発的に手を離してバンザイをし始めたら、それは「もう大丈夫。歩けるよ！」のサインです。**最初はたくさんころびますが、もうまもなく『ひとり歩き』ができるようになりますよ！

- **早すぎる『つかまり立ち』へのチャレンジは危険です**
- **運動神経の発達のチェックには〝パラシュート反射〟を利用しよう**
- **『ひとり歩き』の直前には、赤ちゃんからのサインがあります**

15

『まねっこサイン』でコミュニケーションするスゴワザ

『まねっこサイン』
を活用して親子の
コミュニケーション
を高めよう！

子どもの気持ちが もっと分かったらいいのに と、思ったことはありませんか？

さて『まねっこサイン』とはなんでしょう？　**それはお母さんと赤ちゃんで交わす、手話形式のサインです。**　もっともポピュラーなのが「バイバイ」。この動きをすれば、言葉はなくとも手を振るだけでサヨナラの意味を共有できます。また、手を合わせて少し頭を下げる「いただきます」なども一般的です。このように、私たちは普段の生活の中でも手と言葉をマッチングさせた、手話のようなシグナルを交わしています。今回は、この『まねっこサイン』を使った、発語ができない赤ちゃんとのコミュニケーションを高めるスゴワザです。

　教育現場での私の感覚ですが、**今の子どもたちは少し発語が遅くなっている**

ような気がします。発語は1歳半～2歳頃に「ママ」や「イヤイヤ」などの一語文から出てくるのですが、最近は2歳になってもまだ発語しない子どもが増えてきているような気がします。もちろん、発語は早い子であれば満1歳頃、遅い子であれば3歳頃と個人差の大きい発達ですから、遅いからといって知的能力に直結するものではありません。しかし、**やはり発語がないとどうしても意思の疎通がうまくいかず、お母さんの子育てにも負担がかかってしまいます。**「おしっこ」と言えないからおもらしをして、お母さんが怒ってしまう…。そんな悪循環も『まねっこサイン』で意志のやりとりができれば少なくなっていきます。私は、**『まねっこサイン』を親子で交わすことが、発語のできない赤ちゃんにとってもっとも有効なコミュニケーション方法だと思いますので、ここからは、育児の中で活用できる『まねっこサイン』をお伝えしていきます。**

上の手と下の手をたたく

ちょうだい

手のひらを上にして、両手の先を重ねてたたきます。たたきながら「ちょうだい」と声に出してください。

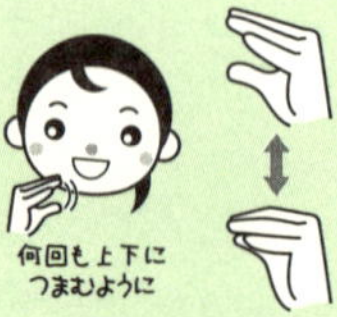
何回も上下に
つまむように

おっぱい

片方の手を口の横に持ってきて、親指は下に、人差し指と中指は上にして、上下に何回もつまむようにします。この動作を行いながら「おっぱい」と声に出してください。

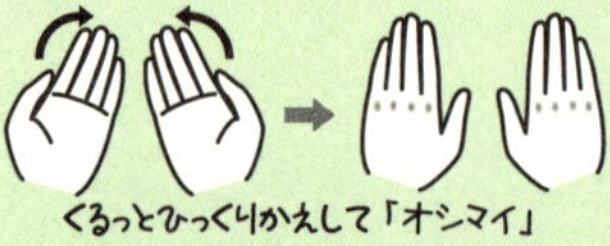
くるっとひっくりかえして「オシマイ」

おしまい

まず両手の手のひらを上にします。そして「おしまい」と言いながら両方の手のひらを裏返してください。「テレビのおしまい」「ごはんのおしまい」など、どんな応用も可能です。

おいし〜い！
ぺち
ぺち

おいしい

両手でホッペを軽くたたきながら「おいし〜い」と声に出してください。ミルクを飲ませながらお母さんがやってあげると効果的ですよ。

※この『まねっこサイン』ですが、日本ベビーサイン協会でも同じような意思伝達方法を『ベビーサイン』という言葉を使って普及をはかっています。『ベビーサイン』に関連する書籍も出版されていますので、詳しく知りたい方はご一読ください。なお、［バイバイ］のようなまねっこは昔からあり、誰でも知っているまねっこですので、ここでは『まねっこサイン』と表現し、スゴワザのひとつとして紹介させていただきました。

ゴシゴシゴシ
お風呂
ゴシゴシと
こするように

お風呂

片手でもう片方の腕の肩から手首までをこする仕草をしながら「ゴシゴシお風呂」です。これも実際にお母さんがお風呂に行く前にして見せてあげてくださいね。

「オシッコ」
軽く
ぽんぽん
たたく

おしっこ

片手で股間を軽くポンポンとたたきながら「おしっこ」「おしっこ」と連呼してください。おしっこがもれそうな時にこうやって教えてくれると本当に楽ですよ。実際にお母さんがトイレに行く前にして見せてあげるのがおすすめです。

ストップ！

ストップ

両手を広げて前に出して「ストップ」です。お散歩の時に交差点の前でこのサインを見せる習慣を作っておけば、成長後には交通事故対策にもなりますよ。

顔をかたむけながら

ネンネ

合わせた両手を片方のホッペにあて、目をつむって「ネンネ」と言いましょう。お昼寝も夜も、このサインを見ればネンネなんだと思ってくれます。

最後に。この『まねっこサイン』を教えたら、そればかりを使って「かえって発語が遅れるのでは?」とよく聞かれますが、そこは問題ありません。発語してからもこれらの動作は残りますが、発語をせずにサインばかりを使うことはありません。それよりも、子どもとのコミュニケーションに役立つことの方が有効なのです。**『まねっこサイン』を積極的に活用して、親子のコミュニケーションを高めてくださいね!**

- **毎日の生活の中で、くり返し見せてあげよう**
- **サインと同時に、声で伝えることも必要です**
- **子どもの手を取って「こうするのよ」と教えてあげてください**
- **「おしまい」のように、いろんな場面で応用できます**
- **少しでもそれらしい行動をしてくれた時には「うわ~すごい!」と褒めてあげてください。褒めれば褒めるほど『まねっこサイン』を理解してくれます**

第2章

育児をもっと楽しもう! 簡単&楽チン、日常生活で使えるスゴワザ

16

パパをイクメンに変身させるスゴワザ①

【アリガトウ編】

パパを育児に参加させるには「アリガトウ」の言葉が一番！

パパがもっと育児に参加してくれたらいいのにと、思ったことはありませんか？

近頃よく使われる言葉に『イクメン』という言葉があります。これは「育（イク）児に協力する男（メンズ）たち」ということなのでしょう。少し前までは、仕事中心で家をかえりみないタイプの男性が多く、「家事や育児は妻まかせ」が普通でした。ですが、最近は社会構造の変化にともない仕事と家庭の両立を目指す男性が増え、『イクメン』も多くなってきましたね。そこで今回からは**『イクメン』に焦点を当て、父親が育児に参加する際のスゴワザを紹介していきます。無理のない育児のために、パパにもたくさん協力してもらいましょう！**

第1回目は、パパに「妻や子どもにアリガトウの気持ちを持ってもらうこと」

です。これはスゴワザと言うよりも気持ちの持ちようなんですが、これが基本中の基本となるのです。**夫という立場が成り立ち、そして維持できるのも妻がいるおかげ、だから妻に「アリガトウ」。**そして、妻が子どもを産んでくれて、しかもその子どもが元気に生まれてくれたからこそ父親という立場になれた。**そのことに「アリガトウ」。**こんな気持ちになってもらうことが『イクメン』への第一歩となるのです。

ご家庭によってパパの育児への関わりはそれぞれです。オムツ替えからゴミ出しやお掃除までを完璧にこなすパパもいれば、反対にほとんど何もしないパ

「アリガトウ」の気持ちが、
育児のストレスをやわらげます！

パもいらっしゃいます。だからどんな小さなことでも構いません。まずは、パパがあなたに対して嬉しい行動をした時に、すかさず**「アリガトウ」と伝える習慣を作ってください。**「アリガトウ」を言われると悪い気はしないので、次第に家事や育児への関わりも多くなるはずです。そこから少しずつ段階を進めると、やがてパパの口からも「アリガトウ」の言葉が発せられるようになります。**「おまえたちのおかげで父親やらせてもらえてます、アリガトウ」。こんな気持ちになってもらえたら、そのパパはもうすでに『イクメン』ですよ！**

- 夫婦の間での「アリガトウ」が、パパの『イクメン』化を促します
- パパが嬉しい行動をしてくれた時は、すかさず褒めてあげよう
- 「アリガトウ」がいっぱいの家庭を目指そう

17

パパをイクメンに変身させるスゴワザ②

【パパスイッチ編】

パパの中には
育児モードに
変身するための
パパスイッチが
あるのです！

家庭ではパパとしてキビキビ行動してほしいと、思ったことはありませんか？

さて突然ですが、男性はいつからパパになるのでしょうか？　女性であればだんだんとおなかが大きくなって、それを10ヶ月間もキープして、とっても大変な出産を経て「オギャー」。「うわぁ、私の子が産まれた！」と大感激。そんな経験を乗りこえ、赤ちゃんに自分のおっぱいをあげる頃には自然と立派なお母さんになっています。でも、**男性はそう簡単にはパパになることができません。**もちろん、**子どもが誕生したら戸籍上は父親なのですが、残念ながら子どもが誕生しただけではパパに『パパモード』のスイッチは入らないのです。**

妻の妊娠が分かった時、大きくなったおなかに手を当てて胎動を感じた時、産まれたばかりの赤ちゃんを見た時など、妊娠から出産までには多くの出来事がありますが、男性にはどれも女性における出産ほどのインパクトがありません。もちろん嬉しいのですが、実はどのタイミングにおいても「これで俺も父親だ！」という実感をあまり感じてないのです。そこで今回は、そんな**『男モード』や『夫モード』の状態から『パパモード』に変身させるパパスイッチの入れ方についてのスゴワザです。**

結論から言えば、出産の直後からとにかく抱っこをさせるのです！　男性は

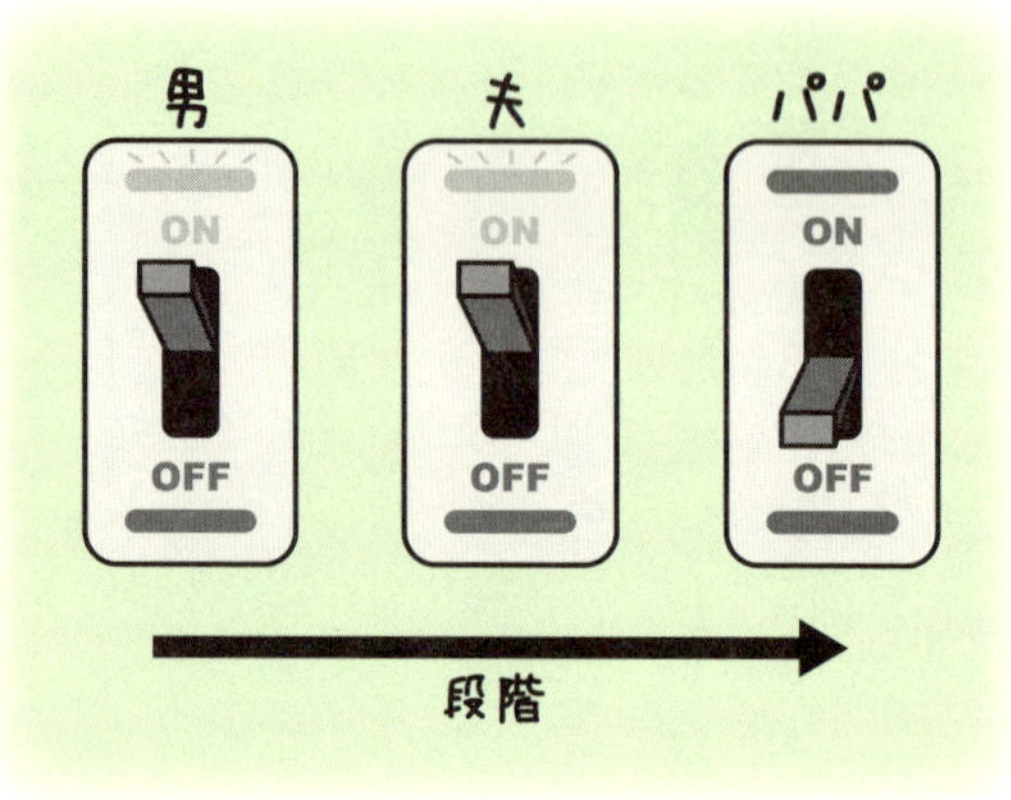

パパスイッチは3段階。うまくスイッチを入れてあげてください！

抱っこをして子どもの重さやフニャフニャ感、やわらかさ、におい、愛らしさ、かわいさ、とにかく〝五感〟のすべてで触れてみないと、父親としての実感をつかめないのです。抱っこをした回数が多ければ多いほど、パパスイッチのレバーは軽くなっていきます。そして、最終的には仕事から帰って子どもの姿を見ただけで自然とスイッチが入るようになるのです。でも、それでもスイッチがうまく入らない場合は、パパが赤ちゃんを抱っこしている時に「少しだけチュッしていいよ」と許可してあげましょう。**パパモードを強くさせるにはチュッをすることが一番。**男性はいつも〝チュッ〟に弱いものなんですね！

- **赤ちゃんが産まれても、男性は簡単にパパにはなれません**
- **出産直後から、たくさん〝抱っこ〟をさせてあげてください**
- **赤ちゃんとの〝チュッ〟は、パパモードをより強くしてくれます**

18

パパをイクメンに変身させるスゴワザ③

【イクメンタイプ分類編】

パパの得意分野を育児にうまく取り入れればお母さんは楽になりますよ！

パパが自分の個性を活かしながら自然と無理なく育児をサポートしてくれたら良いと思いませんか？

この本を読んでいただいているお母さんは、パパが『イクメン』に変身するにあたって、どのような理想をお持ちでしょうか？「あれもこれも」と、望むことはたくさんあると思いますが、パパと言えども人の子です。すべてはできないということを分かってあげてください。

まず、ここでは『イクメン』の理想像を10タイプほど挙げてみます。

①仕事をバリバリこなし、お給料をたくさんかせぐ

②仕事が終わると早く家に帰ってくる

③育児を積極的に手伝う

④家事を積極的に手伝う
⑤土曜・日曜は家族と過ごす
⑥子どもとたくさん遊ぶ
⑦ママの愚痴や悩みをじっくり聞いてくれる
⑧大工仕事などママが苦手なことをしてくれる
⑨子どもに勉強やスポーツを教えてくれる
⑩おしゃれで男前。浮気はしない

こんなところでしょうか。でもこれはあくまでも理想です。私の知る限りこんなパパは存在しません（笑）。だからここでスゴワザです。まずは前出の理想像の中から**パパがどのタイプに当てはまるのかを見極めることから始めましょう。**パパの個性や、得意や不得

得意な分野から『イクメン』をスタートさせよう！

意を考慮に入れ、夫婦で意見を出し合い相談しながら、パパが『イクメン』として進むべき道を決めてあげてほしいのです。それが『子どもと遊び型』でも、『家事手伝い型』でも、『仕事重視型』でも構いません。**進むべき具体的な目標があることでパパの気持ちはグンと楽になり、育児にも関わりやすくなっていくのです。**

そして、子どもが成長するにつれ、パパの『イクメン』としての仕事や課題も、時間とともに変化していきます。その時は再び夫婦で意見を出し合う機会をつくり、子どもの成長に合わせて協力関係を見直していきましょう。そうすれば、家族関係も夫婦関係もきっとうまくいきますよ！

- **どんなにステキなパパでも、すべてを完璧にこなすことはできません**
- **『イクメン』の型を決めれば、パパも育児に関わりやすくなります**
- **夫婦で意見を出し合い、協力関係をつくりあげることが大切です**

19

パパをイクメンに変身させるスゴワザ④

【パパを長男に!? 編】

実はパパにも
教育が必要。
褒めて、怒って
教えて、成長させて
あげましょう！

パパが高いレベルで家事や育児をサポートしてくれたら嬉しいと、思いませんか？

『イクメン』シリーズも今回で４回目。ここでは、パパを『イクメン』に変身させる際の基本的な考え方をお知らせします。それは「パパを長男として鍛える」こと。実は、夫というものは妻からすると出来の悪い長男なのです。言うことは聞かない、考え方は違う、素直でなく嫌みっぽい、ウソもつくし、内緒のこともありそうだし…。大変かもしれませんが、**夫を『イクメン』に変身させるには、本当の子どもと同じような教育が必要なのです。**

そこで夫への教育方法ですが、これは子どもへの教育と同じように**〝褒めて、怒って、教える（諭す）〟ことしかありません。**たとえば〝褒める〟では、とにかくしてくれたことを褒めてください。「ゴミ出し助かるわ」「子どもと遊んでくれてありがとう」。**やはり教育は〝褒める〟が一番です。**次に〝怒る〟。たまにはママもキレてください。**限界を超えた時には「もう知らない！ 何もしないから」と言うのです。**やはりこうなると男は弱いもの。「なにか手伝うことあるかな？」と言ってくれるかもしれません。

そして最後は〝教える（諭す）〟。前の晩にあなたが作ったゴミ袋を、ただ単に収集場に運んだだけでも、男の人は誇らしげに「自分はゴミ出しをしている」と言います。最初はそれでも良いでしょう。でも、本当にゴミ出しをしてもらいたいと思ったら、分別方法を覚え、燃

パパが家事や育児を覚えてくれると、
お母さんは楽になりますよ！

えるゴミと燃えないゴミを自分で選別し、ゴミ出しの日までにそれらをゴミ袋に入れ、そして朝になったら収集場まで持っていく、というすべての仕事を覚えてもらわないといけません。**家事や育児の大変さを体で知ってもらうためには、一から十まですべてを教えてあげるべきです。**子どもに教えるよりも面倒かもしれませんが、〝褒めて、怒って、教える（諭す）〟ことで、一人前の『イクメン』は育つのです。

- **パパを出来の悪い長男だと思って鍛えていこう**
- **パパへの教育も〝褒めて、怒って、教える〟ことが一番です**
- **家事や育児にも教育が必要。一から十までしっかりと教えよう**

20

パパをイクメンに変身させるスゴワザ⑤

【役割分担編】

パパには
パパにしか
できないことで
活躍して
もらいましょう！

パパが思い切り活躍できる！ そんな家族になったらいいなと、思ったことはありませんか？

パパの『イクメン』度が上がっていくと、ついついあれもこれも完璧にできる**“お母さんのコピー”になってもらえないかと望んでしまいます。**でもパパは男です。パパを『イクメン』に育てていくにあたっては、やはり男でないとできないことをしてもらうことが一番重要です。いくらパパを教育をすると言っても**“ママを二人つくる”ことはしないでくださいね。**

そこで大事なのは「ここは20％くらいの手伝い、ここは50％、そしてここは100％」というように、夫婦それぞれの得意分野や不得意分野をカバーしあうことなのです。日常のゴミ出しで、ゴミを収集場へ持って行くのがパパの仕事だとすれば、この場合パパのお手伝いの割合はたった10%かもしれません。でもここで「私が9割か…、損してるなぁ」とは思わないでください。**その分はパパが得意な分野での育児で挽回してもらいましょう！**　たとえば、野球を教えたり自転車乗りの練習をする時はパパが主役です。こんな時なら、パパは100%の『イクメン』になってくれます。それから、もしあなたが熱を出してダウンした時、パパは食事もお風呂も担当してくれるはずです。それぞれの完成度は低いかも

パパには、パパにしかできない
育児があります！

しれませんが、その日が無事に終わってくれれば、それはもう100％のサポートなのではないでしょうか。**こんなふうに、お互いが助け合いながら家事や育児を進めることで、初めて家族の仕組みはうまく回り始めるのです。**

正直なところ、家族の中に〝ママが二人〟いても、あまり良いことはありません。なのでパパには、**「ここはパパでしょ！」という場面では思い切り活躍してもらって、男の存在感を発揮してもらいましょう。**ママが元気なのはもちろんですが、パパがイキイキとしていれば子どもは嬉しいものですよ。

- パパを〝お母さんのコピー〟にしてはいけません
- パパにはパパの得意な分野で存在感を発揮してもらおう
- 夫婦が協力して助け合えば、家族はうまく回っていきます

21

パパをイクメンに変身させるスゴワザ⑥
【子ども丸投げ編】

時には
育児をパパに
丸投げする
ことも必要
なんです!

少しでもいいから、パパにも家事や育児を手伝ってほしいと、思ったことはありませんか？

　ここまで『イクメン』についてあれこれと書いてきましたが、あらためて重要なことをお伝えします。それは、そもそも聞く耳を持ってくれない、**学習を拒否するタイプのパパを『イクメン』に変身させるためのスゴワザです。**最近でも「男は外に出て仕事で稼ぐ、女は家庭で子育てをする」という考えが体に染みついているタイプの男性は少なくありません。一般的にこのタイプの男性は、【男の仕事は、家事・育児よりも重要なのだ！】と思いこんでいて、家事や育児の大変さを理解しようとしないことが多いのです。

　そんなパパには、**無理矢理にでも家事や育児を経験してもらうのが一番です。**

やり方は簡単。パパが家にいる日曜日に家を留守にして、留守番をお願いするのです。なので、そのためには準備が必要。1〜2ヶ月前から「この日曜日は同窓会に出席するから、子どもを頼みます」とお願いしておくのです。パパの本心は「エーッ、困るよ」かもしれませんが、ここで断ると自分に用事がある時に、出かけにくくなってしまいますから、なかなかノーとは言えないものです。そして、この日だけは**「パパにもできるかしら?」と心配してはダメ。子どものお世話に必要な事項だけをしっかりと伝えて、とに**

育児に困ってもらう経験が、
パパの『イクメン』度をUPさせます!

かくパパに丸投げしてしまいましょう。

留守中、家では子どもが「ママ〜！」と泣いたり、ウンチやオシッコのお世話ができずにオロオロしたり、パパは困り果てるはず。でも、それで良いのです。**家事や育児の大変さを知らない男性は、育児の現場で困らないと、その難しさを理解できません。**少々、乱暴かもしれませんが丸投げ育児を経験することで〝育児の大変さ〟を肌で感じてくれます。それによって**〝ママの大変さ〟に気がついてくれたら、間違いなくパパの『イクメン』度もアップしますよ！**

- 男性は基本的に、家事や育児の大変さを知らないものです
- 家事や育児を経験してもらうには〝丸投げ〟が一番です
- 〝ママの大変さ〟に気がつけば、パパの意識は変わります

22

パパをイクメンに変身させるスゴワザ⑦

【夫婦ゲンカ編】

夫婦で意見が分かれた時がお互いの考え方を知るチャンスです！

育児への考え方が夫婦で食い違い暗い気持ちになったことはないですか？

夫婦が協力して育児を行っていく上で重要なポイントに、2人の意見が違った場合の対処法があります。**もともと違う育ち方をしてきた2人が親になるのですから、当然ながら生活や育児の多くの場面で考え方が違ってきます。**たとえば、子どもの偏食やわがままに対してどう対処するか、といった些細な問題で夫婦はいつもぶつかり合うものです。そこで今回は、夫婦間の小さな食い違いを、大きなケンカに発展させないスゴワザをお伝えします。

意見が対立した時、夫婦はお互いの主張をぶつけ合うはずですが、**その時には絶対に相手を言い負かさないようにしてください。**もちろん育児に関する考え方ですから、やはり母親に分があります。でも、だからといって「私の勝ち、だから私の好きなようにさせなさい」ではダメなのです。こうなると、基本的に男は弱い生き物ですから、「ハイハイ負けました。もう何も関わりません。育児のことは全部好きにやってください。僕は知りません」と、拗ねた上に無関心になってしまうのです。**こうなってしまうと、これからの育児も夫婦関係も大変です。**

育児への考え方やスタイルは家庭によって千差万別。なので、絶対的な正解も、明確な勝ち負けも

意見が食い違った時こそが、
お互いの考え方を知るチャンスですよ！

ありません。だから、**自分の主張が正しいと思った時でも、パパの意見が許せる範囲ならば、パパの意見も取り入れてあげてください。**そうすれば、パパの育児への関心は高まり、結果的に夫婦関係もうまく継続していくのです。

日常生活を繰り返し、日々のわずかな成長を積み重ねることが育児です。そして、赤ちゃんが大人になるには20年の長い歳月が必要です。だから、ひとつひとつの問題で相手を言い負かしても、まったく意味はありません。**意見が食い違った時こそ、お互いの考え方を知る貴重なチャンスだと考えましょう！**

イクメンシリーズは今回が最終回です。パパが素敵な『イクメン』になれるよう、夫婦で力を合わせて頑張ってください！

- 夫婦間で育児に関する考え方が違うのは当然のことです
- 育児に対する意見が違った時も、言い負かしてはいけません
- パパの主張が正しいと思ったら、素直に受け入れてあげよう

23

バスタイムを楽しくするためのスゴワザ

バスタイムを親子で楽しむためにとっておきのスゴワザを紹介します！

もっとバスタイムを楽しくしたいなと、思ったことはありませんか？

本来、お風呂は温かくて楽しくて気持ちの良い場所なのですが、子どもによっては顔に水がかかるのが苦手だったりして嫌がるケースも少なくありません。そこで今回は、親子のバスタイムをよりいっそう楽しくするために、**ペットボトルを活用したとっておきの遊び方をお伝えします。**

最初は「びっくり手袋」。まずは、大きめのペットボトルと薄手のゴム手袋を用意します。ペットボトルのキャップを取って、その口にビニール手袋をかぶせ、輪ゴムでしっかりとくれば準備ＯＫ。これを湯船に沈めるとペットボトル内の空気がふくらんで、手袋はムクムクと起き上がってきます。これには子どもも大喜び！　水で冷やせば何度でもムクムクを楽しめますので、**お風呂**

嫌いな子どもでもゆっくりと湯船につかってくれますよ。

次は「ペットボトルシャワー」。あらかじめペットボトルの底部分に小さな穴をいくつか開けておき、その中にたっぷりのお湯を注ぎます。そして、それを持ち上げればオリジナルシャワーの完成です。**このペットボトルシャワーなら、今まで水が苦手だった子どもも楽しくシャンプーしてくれるかもしれませ**

ペットボトルひとつでお風呂が楽しくなるよ!

んよ。

また、小さな穴の開いたペットボトルを空のまま湯船に入れると、プクプクと小さな泡が出てきます。大人にとってはなんでもないことですが、子どもはこの小さな泡にも興味を持ちますから、いつまでも飽きずに眺めて楽しんでくれるのです。

そして最後は「ペットボトルロケット」。これは本当に簡単です。キャップをしたままのペットボトルを湯船に沈め、底についたら手を離します。それだけで、勢いよく浮かび上がるロケットが完成。手を離す時に「ロケット発射！」と言えば、子どものテンションも急上昇。**こんな遊びを取り入れることで、バスタイムが楽しいコミュニケーションの時間になるのです！**

- お風呂遊びにはペットボトルが一番です
- ちょっとした工夫で、さまざまなお風呂遊びが楽しめます
- バスタイムは親子の楽しいコミュニケーションタイムです

24

ダラダラと食事をさせないスゴワザ

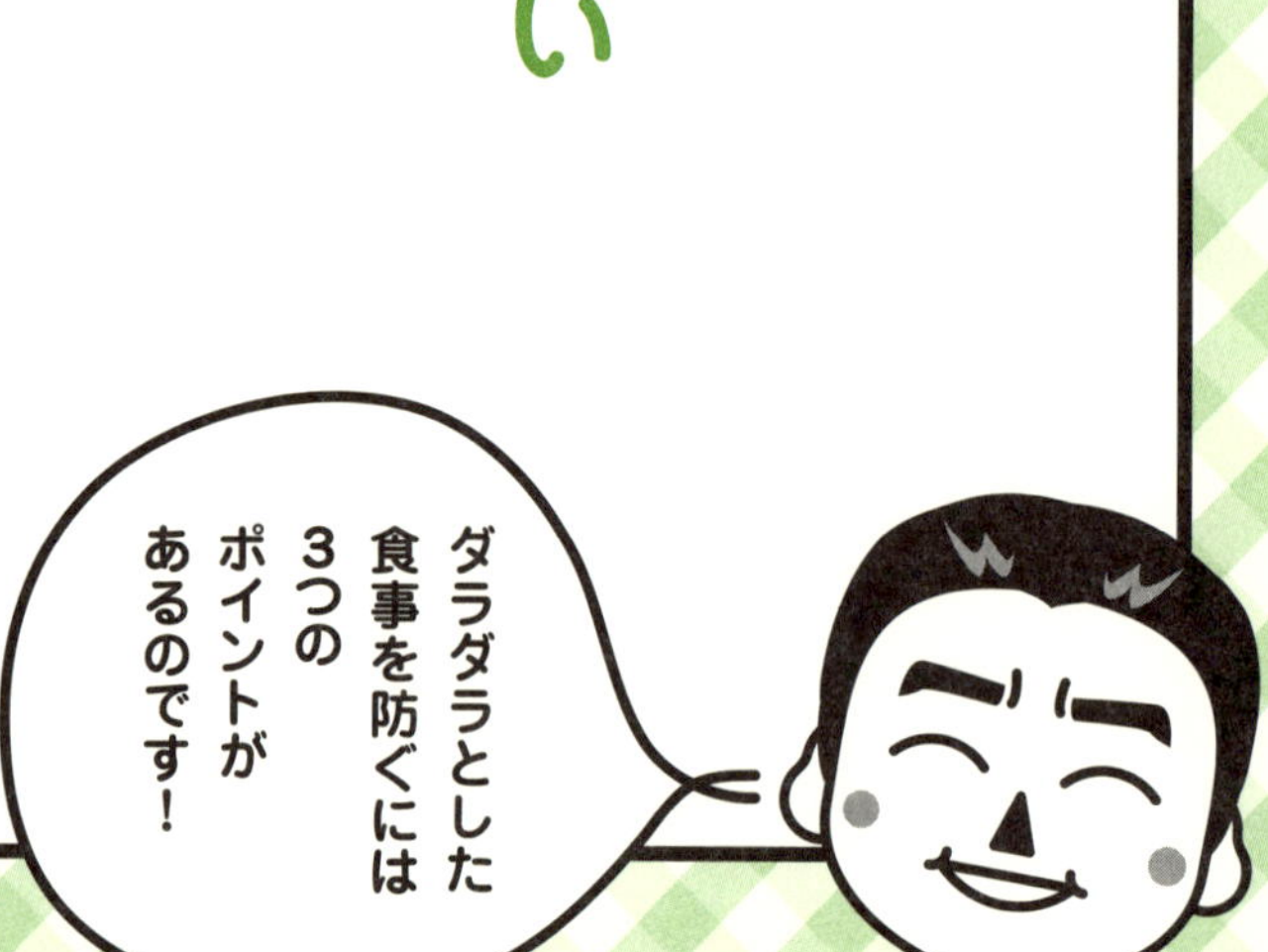
ダラダラとした食事を防ぐには3つのポイントがあるのです！

食事の時間をもっと充実させたいと、思ったことはありませんか？

ここ数年、『食育』が注目されていますが、『食育』とは口に入れる食物のことを考えるだけではありません。食事中の姿勢や座り方、スプーンやお箸の使い方まで、育児における食事に関するすべてが『食育』だと考えた方が良いでしょう。最近、園内で食事を見ていて少し気になるのは、食事に時間がかかりすぎたり、すぐに立ってウロウロする子どもが増えたことです。なので、今回はその対策のひとつとして、**食事の時間を短くするスゴワザを紹介します。**

まずは**「食事の量は少なめに」**を忘れないでください。保育園の行事で園児のお弁当を見てみると、平均的にお弁当の量が多いように感じます。お母さんは「たくさん食べて大きくなってほしい」と思っているはずですが、**たくさん**

食べて体を大きくするのは小学生からでOKです。逆に食べすぎは体に負担をかけてしまいます。たとえば、おにぎりのサイズは〝うずらの卵2個分〟ぐらいで大丈夫。1回の食事では、それを2つ食べられたら問題ありません。

そして次に必要なのが**「もうおしまい」の決断です。**テレビに気を取られたり、食事を中断して歩き始めたりなど、「食事への興味が薄れてきたかな?」と感じたら、すぐに「はい、おしまい。もう食べなくていいよ」と宣言して、サッサと食器をかたづけてください。**〝もう少し食べてくれないかな〟と思ってダラダラに付き合うのではなく、〝次の食事で食べてもらえばいいか〟**

食への興味が薄れた時は、
すぐに食事をやめさせてください!

とケジメをつけた行動を取らせることがとても大切なのです。

最後におやつ。**食事前には絶対におやつは与えてはダメです。**「ちょっとだけなら」と食べさせてしまうと、すべてがパーになります。ダラダラと食事をさせないためには、子どもに〝おやつは食事がちゃんとできた時にだけもらえるものなんだ〟と思わせ、習慣にしていくのがおすすめです。

- 食事に時間がかかりすぎる子どもが増えています
- 1回あたりの食事の量を減らせば、集中して食べることができます
- 食事の前におやつを与えるのは絶対にNGです

25

ダラダラとテレビを見させないスゴワザ

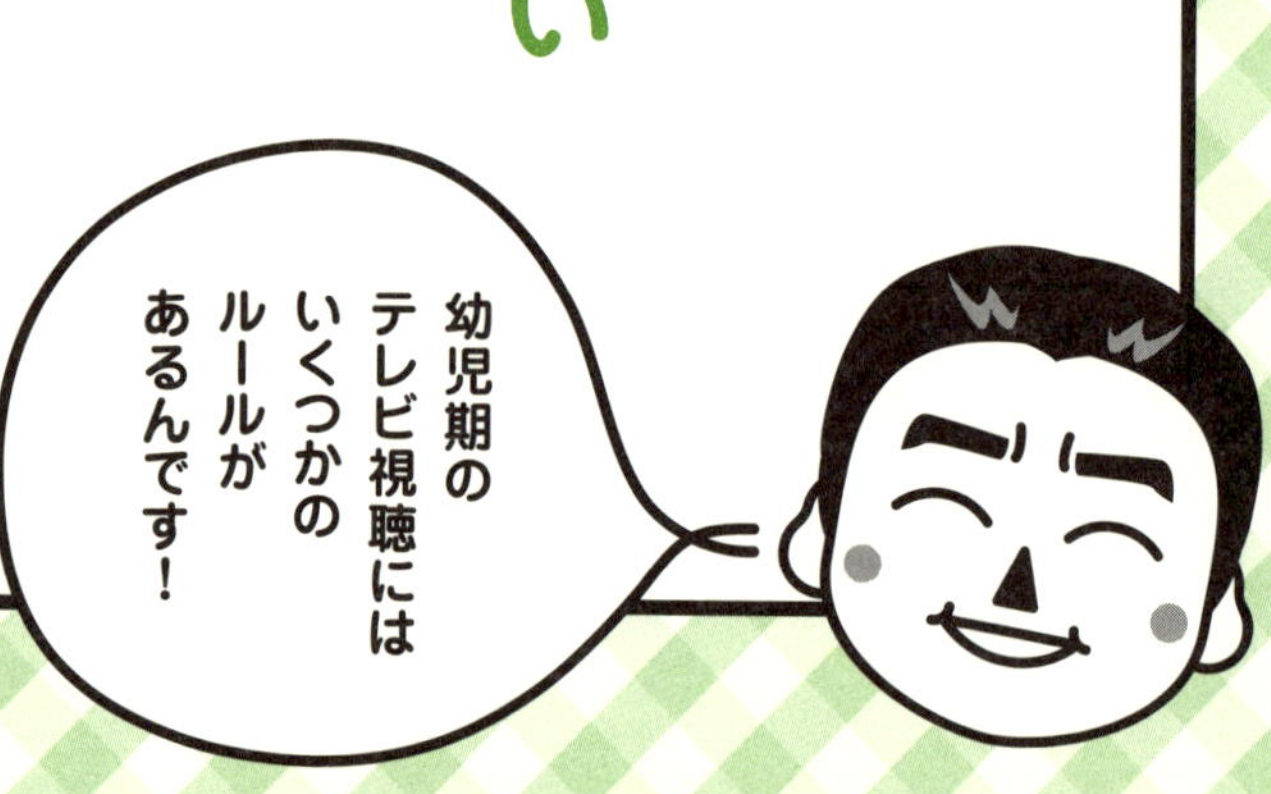
幼児期のテレビ視聴にはいくつかのルールがあるんです！

いつまでもテレビを見てちゃダメ！と、怒ったことはありませんか？

前回の食事に続いて、今回はダラダラとテレビを見させせないためのスゴワザです。まず最初はテレビ番組についてですが、特に3歳くらいまでは「NHKの教育テレビ以外は見せない」くらいの気概を持って、**子どもが視聴する番組を親がコントロールしてください。**民間放送の一部のCMには、ものすごくテンポが速かったり、音が大きかったりするものがあります。それらは子どもの注意を引きつける力が強すぎるので実はとても危険です。**まだ心身が充分に発達してない年齢から、大人向けの映像を見ていると、近視になったり注意力散漫になったりすることもあります。**くれぐれも注意してあげましょう。

そしてここからはスゴワザです。まずは、バスタオルなどテレビの画面を隠せる大きな布を用意します。そして、それをすっぽりと画面にかぶせれば子どもはテレビをやめてくれるはずです。「簡単すぎる！」と思うかもしれませんが、**1～3歳の子どもは、大きな布で画面を隠されると、それだけで「あっ、テレビがなくなった」と思うのです。**これでテレビへの興味は薄れ「もっと見たい」と思わなくなります。だから、テレビを終わりにしたいと思ったら「はい終わり！」と言いながらスイッチを消し、同時に大きな布で画面を隠すようにしてください。小さい時にこの習慣がしっかり身についていると、

“テレビ終了”の習慣をつくっておけば、お母さんも楽ですよ！

幼稚園期くらいまでなら同じ方法で素直にテレビをやめてくれますよ。

最後に。10年以上前になりますが、人気アニメの点滅映像が原因で700人もの子どもがけいれん発作を起こし、大きな社会問題になったことがあります。子どもがテレビを見てくれているとお母さんは楽なのですが、〝時としてテレビは危険なんだ〟という認識だけはどうか忘れないでいてください。どんなに忙しくても、テレビに子守をさせてはいけませんよ！

- 子どもに見せるテレビ番組はお母さんが選んでください
- 大きな布で画面を隠せば、子どもはテレビをやめてくれます
- 絶対にテレビに子守をさせてはいけません

26

『しりとり』を使って能力をアップさせるスゴワザ

子どものボキャブラリーを増やすには『しりとり』が最適です！

たくさんの言葉を覚えて使いこなせる子どもになってほしいと、思ったことはありませんか？

幼児教育に携わる者として一番おすすめの遊び、それは『しりとり』です。とにかく**ボキャブラリーを豊かにするには『しりとり』が一番！**子どもがお話のできる年齢になったら、ご家庭の中で積極的に『しりとり』を楽しまれるのが良いでしょう。さて、その『しりとり』ですが、やはり対戦形式であるからには勝った方が楽しくて、嬉しいものです。なので、ここでは『しりとり』に強くなるスゴワザをこっそりと教えます。

その方法はとても簡単。自分の順番がきたら、最後が〝り〟や〝る〟で終わる言葉を言い続けるのです。考えてみればお分かりかと思いますがこれらの言葉で始まる単語って少ないんですよね。この方法を子どもに教えてあげればメキメキと『しりとり』に強くなります。**たかが『しりとり』かもしれませんが、勝つことによって自信がつきます。**そして、ボキャブラリーを増やすことは言葉や日本語に対する興味にもつながるんですよ!

『しりとり』を使って、
楽しく知育をはじめよう!

- "り"で終わる言葉…アリ、クリ、ヒカリ、ホコリ、クスリ、ヒダリなど
- "る"で終わる言葉…ハル、サル、ビール、カエル、ホテル、アヒルなど

27

ままごと遊びを知育に役立てるスゴワザ

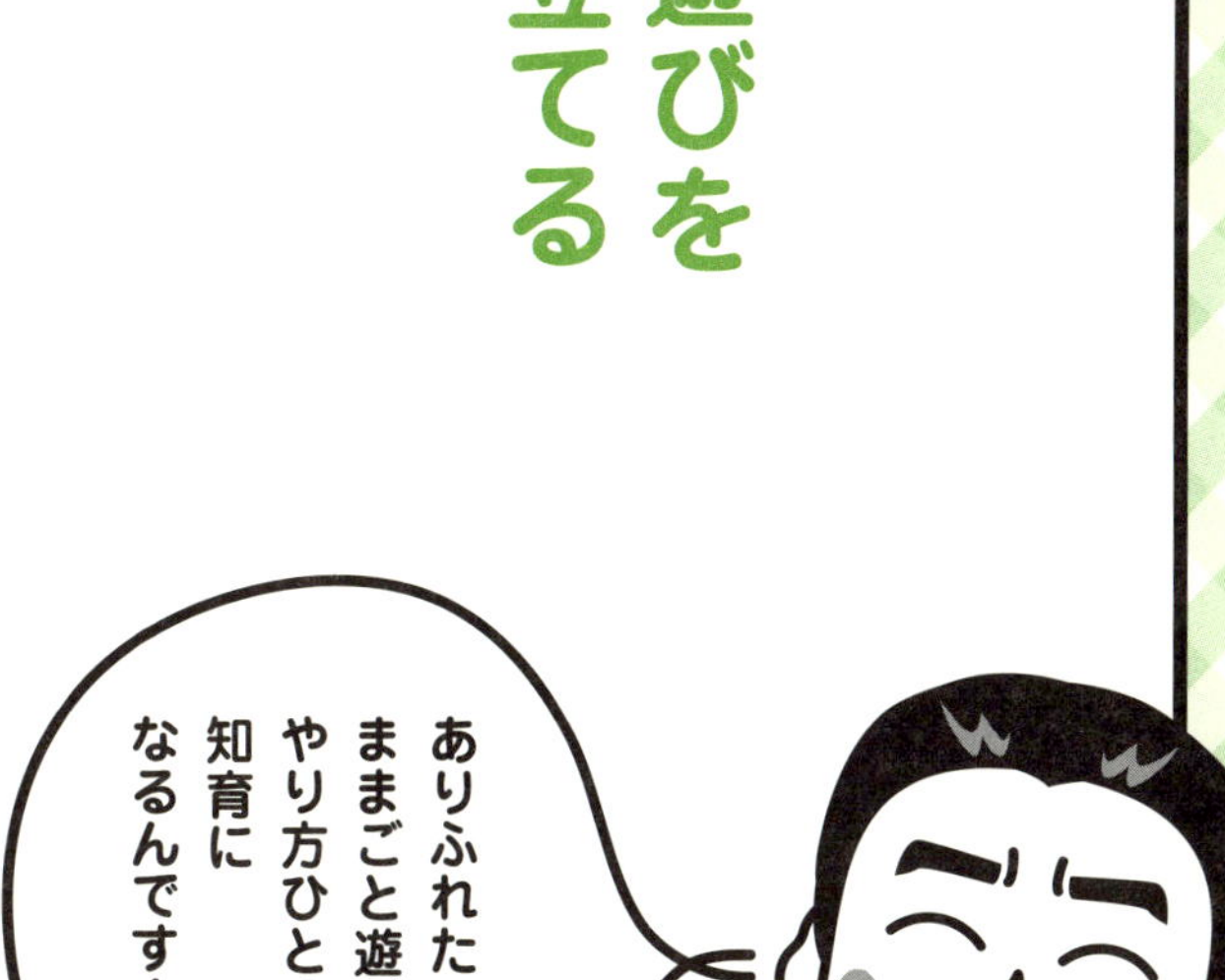
ありふれた
ままごと遊びも
やり方ひとつで
知育に
なるんです！

家庭では知育教育なんてできないと、思いこんではいませんか？

『知育』と聞くと、何か専門的で難しそうなものだと思われがちですが、**育児の中における『知育』というのは、実は意外と簡単なのです。**そこで今回は、ままごと遊びでできる『知育』のスゴワザを紹介します。

まず、道具ですが、これは古くなった台所用品を用意してください。まな板やボウル、オタマなどに子どもの名前を書いてプレゼントしてあげましょう。そして「玉子

いつもとは反対の立場になって、
子どもの視野を広げてあげよう！

焼きを作ってね」と言えば、一生懸命に作るマネをしてくれますよ。

さて、**ここで重要なのはお母さんも子どもも役として積極的に関わること。**いつもと反対の立場で調理（ままごと）を行えば、子どもは違う視点を持つことができます。また、古くなったとはいえ食器は本物なので、子どもはいつもより誇らしい気持ちを味わい、その経験は確実に成長への刺激となります。このように**普段の遊びに少し変化をつけることで、『知育』は簡単に行えるのです。**難しく考えず、お子さんとのコミュニケーションのひとつとして『知育』を楽しみましょう！

- **普段の遊びも、やり方しだいで『知育』になります**
- **使い古した日用品を、子どものおもちゃにするのもおすすめです**

28

『言葉かけ』で高めるコミュニケーションのスゴワザ

子どもと
まっすぐに
向き合えば
親子の関係は
良くなります！

もっと子どもの気持ちを分かってあげたいと、思ったことはありませんか？

親子関係の基本はコミュニケーションです。お母さんとしては、子どもの気持ちを分かってあげるためにもうまくコミュニケーションをとってあげようと思うのですが、これがなかなか難しい…。そこで、今回は『言葉かけ』をポイントとしたコミュニケーションのとり方を分かりやすくまとめてみます。

『言葉かけ』においても重要となるのはやはり表情です。子どもに話しかける時は、ニコニコと楽しそうにしながら、少し声のトーンを上げてみてください。実はこの表情が会話を楽しくさせるなによりのポイントとなります。**お母さんの表情が優しいと、子どもも安心してお話を聞いてくれるので、やりとりもス**

ムーズになりますよ。そして次に大切なのは、発達に合わせた分かりやすい言葉を使うことです。車を言葉で表す場合、赤ちゃん言葉の「ブーブー」から始まり、「くるま」「自動車」へと発展します。単純なことですが、**年齢や発達によって言葉も進化することを覚えておいてくださいね。**お母さんがいつまでも赤ちゃん言葉だと、子どもの発達が遅くなる危険性さえあるのです。

そして、忘れてはいけないのが、子どもの問いかけに反応してあげること。3~5歳頃、子どもはすぐに「なんで」「どうして」と聞きたがります。でも、お母さんは専門家ではないので「なんで車は走るの?」なんて聞かれてもうま

3~5歳児の質問には、
解答よりも反応が重要ですよ!

く答えられず、ぶっきらぼうに「分からない」と済ませてしまいがちです。でも、面倒くさいことですが、**この質問期にきちんと反応してあげることはとても大切なのです。**求められているのは正解じゃなく反応ですから、お母さんなりの〝きっとこう思う〟という答えを返してくださいね。**ちょっとした『言葉かけ』ひとつで子どもとの関係は変わります。子どもだからといって、適当にあしらったりしないで、ていねいなコミュニケーションを心がけてください。**

- 子どもに言葉をかける時は、優しい表情を忘れずに
- 年齢や発達によって言葉も進化することを理解しましょう
- 子どもだからといって、適当にあしらってはいけません

29

親子で洗濯物干しを楽しむスゴワザ

大変な
洗濯物干しも
子どもと
一緒なら
楽しいですよ！

洗濯なんてなかったらいいのにと、思ったことはありませんか？

生活の中にはさまざまな家事がありますが、その中でも洗濯は大きなウエイトを占めるのではないでしょうか。赤ちゃん期のよだれ汚れからはじまり、食べこぼしやオシッコ。そして、大きくなったら今度はどろんこ汚れ…。そのたびに洗濯が必要ですので、お母さんは大変です！　このページでは、**そんな大変な洗濯を少しでも楽しいものにするためのスゴワザです。**

まずは、**少しのスペースでもたくさんの小物が干せるよう洗濯バサミを改良しましょう。**やり方は簡単。次のページのイラストのように二つの洗濯バサミをひもでドッキングさせれば、干せる洗濯物の枚数を増やせます！

この干し方だと、下の方なら子どもでも手が届きます。なので、子どもと一緒に洗濯物干しにチャレンジできますよ。**こうすればお母さんの悩みの種である洗濯物干しも、子どもと一緒の遊びの時間になるんです。**さらに、洗濯バサミを扱う動作は子どもの手先を鍛えるのに最適なので、楽しいお手伝いが手指の訓練にもつながります。洗濯物を取り込んだら、今度はたたむ練習。こちらも有効な手指の運動になりますよ！

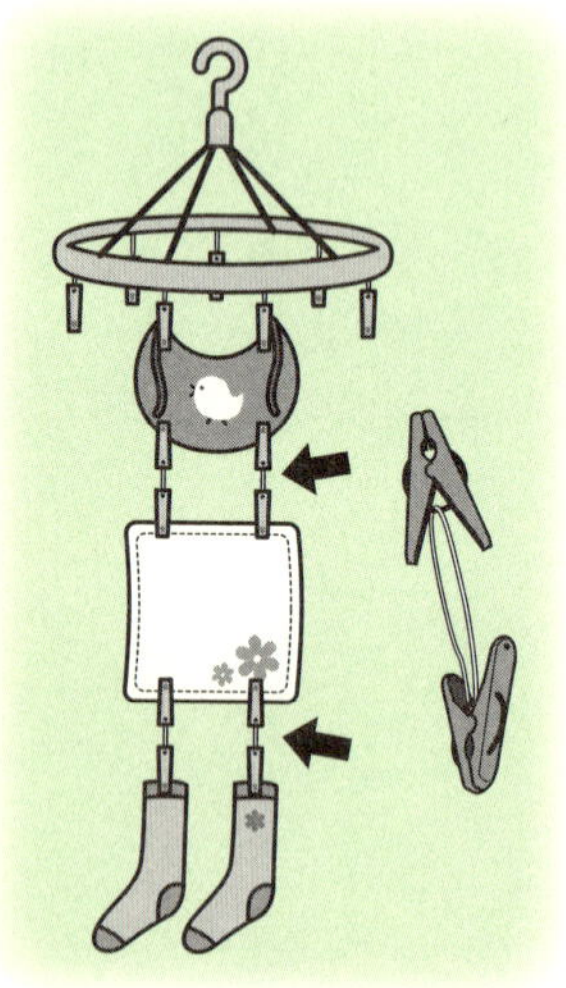

ちょっとした工夫で、洗濯も楽しい遊びになりますよ！

- **洗濯バサミの簡単な改良で、干せる枚数を増やせます**
- **洗濯物干しのお手伝いは、子どもの手指を鍛える運動になります**

30

食卓の下をいつもキレイに保つスゴワザ

食べこぼしを減らすための2つの方法を試してみてはいかがですか？

食事の時、子どもの食べこぼしをきつく怒ってしまうことはありませんか？

ごはん粒を落としたり、スープをこぼしたり…、小さい子どもがいる家庭の食卓はいつも大変です。これが、机の上なら掃除も簡単ですが、机の下だと大仕事。膝を折り、腰をかがめて、食べこぼしを拾うのは「仕方がない」と思っていても煩わしいものです。そこで今回は、食べこぼしに対処する方法です。

まずは防御策として、**食卓の下にレジャーシートを敷きましょう。**こうすればたとえスープがこぼれても床まで染みないので、ぞうきんをサッとひとふきすればすぐにキレイになります。シートの代わりに新聞紙やチラシを敷いてもOK。これなら丸めて捨てるだけなのでぞうきんがけの手間まで省けますよ。

そして、怒りすぎは絶対に禁物。**1～3歳児にとってスプーンやお箸の扱いはとても難しいもの。**子どもによっては怒られるのが嬉しくて、わざと落とすケースもあるのです。だから、**お母さんも「今は習得時期だ」と割り切って、感情的な言葉で怒らずに、分かりやすい言葉で食べ方の指導をしてください。**実は、この指導こそが食べこぼしが少なくなる一番のスゴワザなのですよ！

食べこぼしを防ぐために、
食卓の下にシートを敷こう！

- **1～3歳児にとって、スプーンやお箸の扱いは難しいものです**
- **食べ方を教えることが、食べこぼしを減らすスゴワザになります**

31

さまざまな場面で「よ〜いドン！」を活用するスゴワザ

「よ〜いドン！」は体力と脳力を高めてくれる重要なキーワードなんですよ！

子どもの体力と脳力を伸ばす方法を知りたくはありませんか？

3~4歳頃になると、〝走るのが速い〟とか〝力が強い〟など、子どもによって運動能力に差が表れ始めます。成長の速度はみんな違いますので、この時期の能力差はそれほど心配しなくても良いのですが、お母さんにとっては「うちの子は運動オンチなのかしら」と不安になることも多いようです。そこで今回は、**運動能力の基本となる〝反応力〟を伸ばすスゴワザです。**

そのキーワードは「よ～いドン！」。これは運動会のスタートだけで使う言葉と思われていますが、実は**この言葉を日常生活の中で使うことがポイントなのです。**たとえば、遊びを終わりにしてお風呂に入ってほしい場面で「おもちゃをかたづけてお風呂に入ろう。さぁ、よ～いドン！」と使ってみてください。

1～2歳児だとまだ言葉の意味は分からないはずですが、「よ～いドン！」が〝なにかのはじまり〟であることは理解できますので、不思議と反応してくれます。**こんなふうに〝反応力〟を高めていくことが運動神経を良くする第1ステップとなり、この〝反応力〟は外遊びにも大きく役立ちます。**

続いて第2ステップ。今度はいろんなフォームから動き始める遊びを生活の中に取り入れてください。たとえば、家の中でゴール地点を決めておいて、座った姿勢や寝ころんだ姿勢から「よ～いドン！」と合図をするのです。こうすれば〝反応力〟はさらに高まりますし、**さまざまな姿勢から走り出すことはいつもは使わない筋肉の運動にもなります**

洋服を着替える時も、
「よ～いドン！」は有効ですよ！

から、運動神経も鍛えられます。

最後になりますが〝反応力〟が良くなるということは、つまり脳からの「動け！」という指令の伝達速度を早めることなのです。〝反応力〟が高まれば、自然に脳の動きも活発になります。**「よ～いドン！」を遊びとして楽しむことが、子どもの心身をさらに成長させるためのスゴワザになるのです。**

- 3～4歳頃から、運動能力の成長に個人差が出始めます
- 〝反応力〟を高めることは、運動神経の成長にもつながります
- 「よ～いドン！」遊びは、子どもの心身を育ててくれます

32

小さな工夫で食べやすさをアップさせるスゴワザ

食べやすいスタイルにしてあげることで子どもの食欲は高まります！

いろんな食べ物を、子どもでも簡単に食べられるようにしてあげたいと、思ったことはありませんか？

1～4歳児の頃はスプーンやお箸を上手に扱えないので、お母さんは食べ物を食べやすいスタイルにしてあげなくてはいけません。単純なことなのですが、実はこれがなかなか面倒くさい…。なのでここでは、幼児期の定番メニューであるうどんと、人気の高いデザートであるアイスクリームについて、**スプーンしか使えない子どもでも簡単に食べられる、準備のスゴワザをお知らせします。**

まずはうどん。うどんをスプーンで食べるにはカットが必要ですが、いちいち切るのは大変。そこで登場するのが〝ゆで玉子カッター〟。**このアイテムなら、一気にうどんがカットできますよ。**そして今度はアイスクリーム。冷凍庫でアイスクリームがカチカチになってしまうと、小さな子どものプラスチックのスプーンでは絶対にすくえません。そんな時は電子レンジが一番です。**小さなカップで約15秒、大きいカップなら30秒ほどチンすると、子どもでも食べやすい柔らかさになります。**ただし、やりすぎるとドロドロになるので要注意。

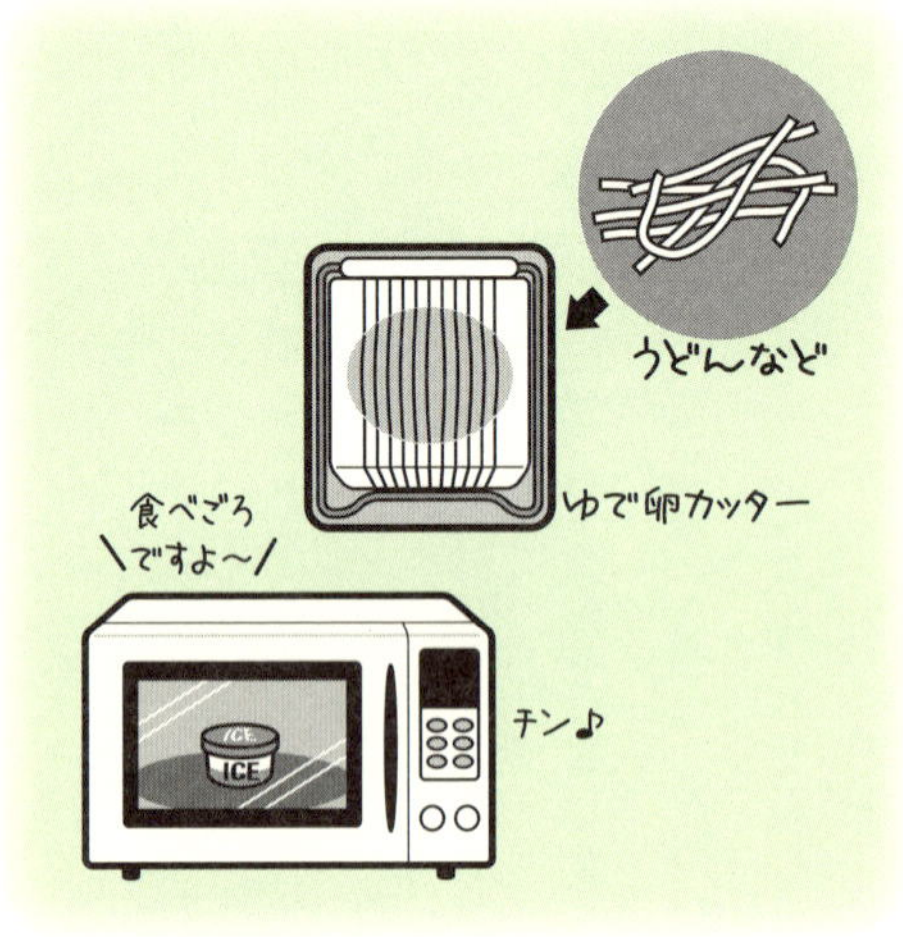

ちょっとした工夫で、
食べやすさがアップします!

- **〝ゆで玉子カッター〟を使うと、うどんのカットも楽になります**
- **アイスクリームは、レンジでチンして食べやすくしてあげてください**

第3章

お受験対策もこれでばっちり!?子どもの能力をぐっと引き出すスゴワザ

33

子どもの自立性をアップさせる一泊旅行のスゴワザ【幼稚園受験から】

子どもの“自立性”を高めるにはパパのサポートが欠かせません！

お母さんが近くにいなければすぐに泣いてしまう子どもの姿に不安を感じたことはありませんか？

私が教室を構えている徳島市内には、国立大学の附属幼稚園をはじめ、私立の附属幼稚園も数園あり、それらの園に入園するには〝お受験〟をクリアしなければなりません。『祖川幼児教育センター』は、〝お受験〟のための教室ではありませんが、当然ながら**〝お受験〟も幼児教育の延長線上にありますので、結果的に受験対策になるようなカリキュラムも数多く実施しています。**この章では、日常生活はもちろんですが、〝お受験〟としても役立つスゴワザを紹介していきますので、ぜひこれからの育児の中で活用してくださいね。

さて、幼稚園受験では、よく「親から離れて別室に行けるか？」という課題が出されます。実は、幼稚園を受験する3歳児にとって親から離れて別室に入るというのは大変なことなのです。ここで問われているのはズバリ〝自立性〟。**〝自立性〟は受験を受ける、受けないに関わらず、すべての子どもの成長にとって必要なものです**ので、今回は自立性を高めるスゴワザをお知らせします。

子どもを自立させるための第1歩は**「お母さんがいなくても大丈夫」という自信を身につけることです。**そのためには、少々荒っぽいかもしれませんがパ

子どもの“自立性”を高めるには、
パパの活躍が欠かせません！

パと一緒に一晩を過ごすという経験が一番。一泊旅行に出かけても良いですし、お母さんだけが実家に帰る方法でもかまいません。ひょっとしたらパパが嫌がるかもしれませんが、そんな時は「子どもが自立するための、お願い！」と頼んでみてください。**たった一晩だけでも「お母さんがいなくても大丈夫だった」という経験は、子どもにとって大きな自信になりますよ。**とにかく、日頃からお母さんべったりにならないように気をつけましょう！

最後に。パパであれば泣かずに離れられるという子どもも多いので、「受験当日はパパに同行してもらう」というのも〝お受験〟には有効ですよ。

- **幼稚園の〝お受験〟も幼児教育の延長線上にあります**
- **子どもの〝自立性〟を高めるには、パパとのお泊まりが一番です**
- **日頃から、お母さんべったりにならないよう気をつけよう**

34

子どもに『待つこと』を覚えてもらうスゴワザ【幼稚園受験から】

自分の順番をジーッと待てるようになるには練習や訓練が必要なのです！

自分の順番をおとなしく待ってくれないことにイライラしてしまったことはありませんか？

3歳頃になると、日常生活の中で『待つ』ことも増えてきます。そんな時、おとなしくジーッと待ってくれれば良いのですが、子どもが小さい頃はなかなかうまくいきません。そこで今回は**『待つ』習慣をつくるためのスゴワザです。**

実は、幼稚園受験では「イスに座って5～10分待てますか？」という部分もチェックされています。長い場合だと、面接の順番が回ってくるまで30分近く廊下や控え室で待たされるケースがあり、試験官はその様子にも目を配っているのです。当然ですがそんな場面では、落ち着きなく動き回るよりも、**おとなしくイスに座って待っている子どもの方が印象が良くなるものです。**

さて、お母さんは子どもに対して、簡単に「イスにジーッと座ってなさい」と要求しますが、これは**3歳頃の子どもにはとても難しく、本来は訓練や練習が必要なことなのです。**なので、日頃からイスに座って二人で話をしながら待つ練習を行ってください。病院の待合室や駅のホームなど、『待つ』べき機会があれば、二人で並んでベンチに座る。そして、どんな内容でも構いませんので、お話をしてあげてください。こうすれば、**子どもも「待ってる時はお母さんが話しかけてくれて楽しいな！」と思うようになり、ジーッとしていられるようになります。**最近は、そういった場面で脇目もふらずスマホ画面に集中しているお母さんを見かけますが、それは絶対にNG

病院の待合室などで待つ時には、
子どもとの会話を楽しもう！

です。子どもはお母さんに関心を持ってもらおうとして、さらに激しく動くようになりますよ。

また、**座る練習には絵本の読み聞かせも有効です。**おうちでも子どもと並んでイスに座って、2~3冊の絵本をじっくり読んであげてください。遠回りだと感じられるかもしれませんが、そんな練習のひとつひとつがおとなしく待てる子どもを育ててくれるのです。急がずゆっくりと取り組みましょう!

- **幼稚園受験では待っている様子もチェックされています**
- **座って待つことを覚えるには練習や訓練が必要です**
- **座って待つ時には、楽しい会話をしてあげてください**

35

子どもの集中力をチェックするスゴワザ【幼稚園受験から】

年齢に応じた成長をチェックするには、遊びを観察するのが一番！

子どもの成長速度がおともだちとくらべて遅いのではと、心配になったことはありませんか？

幼稚園受験で実施される課題の中に『遊びの観察』があります。子どもが遊んでいる姿は、親から見ればいつもと同じありふれた風景かもしれません。でも、**それが経験のある幼稚園の先生の目にかかると、遊んでいる姿を観察するだけで、その子がどんなタイプか、今はどんな成長過程にいるのかということをズバリ見分けることができるのです。**ただし、この『遊びの観察』は決して〝良い子〟と〝悪い子〟を判断するためのものではありません。遊んでいる様子を見て、それぞれの子どもが幼稚園で受け入れても問題がない状況まで成長しているかどうかをチェックしているだけなのです。

ここでは、幼児期の中心ともいえる3～4歳児にスポットをあてて、**遊び方から見る集中力のチェックを行ってみましょう。**

この年齢だと、理想を言えば、ひとつの遊びで10分くらいは集中してほしいのですが、ひとつの遊びに集中できないタイプの子どももいます。ミニカーからすぐにテレビ、そしてテレビをつけたら今度はまた別のおもちゃへ…、集中が長続きせずに2～3分周期で遊び方が変わってしまうのです。まずは、10分間熱中して遊べているかどうかをチェックしてみてください。また、3～4歳児であれば、好きなもの（人形、のりもの、キャラクターなど）があるかどうかのチェックも重要です。

子どもの集中力を高めるには、
お母さんとの遊びが一番です！

大きな興味を示すおもちゃやアイテムがあるかどうかも確認してみましょう。

一般的に、ひとり遊びができるようになるのは4歳からと言われています。だから、3歳から「集中力が足りないかも」と心配する必要はありません。**とにかくお母さんは子どもと一緒にいてあげて、子どもの様子を観察し、遊びをサポートしてあげてください。**そうすれば、ひとり遊びも上手になりますし、だんだんと〝集中力〟もアップしていきますよ!

- 幼稚園の先生は、遊び方を見るだけで成長過程を見抜きます
- 3~4歳児なら、ひとり遊びに10分くらい集中できるのが理想です
- ひとり遊びができるようになるのは4歳になってからです

36

上手にあいさつができるようになるスゴワザ【幼稚園受験から】

しっかりとしたあいさつとお返事は相手に好印象を与えます！

しっかりとしたあいさつやお返事ができる子どもになってほしいなと、思ったことはありませんか？

社会における一番のコミュニケーションとはなんでしょうか？ **それはズバリ、あいさつとお返事です。**「おはよう」や「ありがとう」のあいさつ、あるいは何かを質問された時にしっかりとした受け答えが〝できる〟と〝できない〟とでは、与える印象が大きく違います。もちろん、これは幼稚園受験でも同様で、**「あいさつやお返事ができるかどうか」は〝お受験〟の必須項目となっています。**なので、ここではあいさつとお返事についてのスゴワザをお知らせします。

まずはあいさつのスゴワザから。やり方は簡単。まずは子どもと一緒にスーパーへ行きます。そして、支払いの時にレジのスタッフに向けて、まずお母さんが「こんにちは」とあいさつをしてください。そのあと、引き続いて子どもにも「こんにちは」を言わせましょう。そして、支払いが終わった後には同じように「ありがとう」です。スーパーに行くたび、こんなふうにあいさつを交わす習慣をつくることはとても良い教育になりますし、**知らない人にあいさつができたという経験は子どもにとって大きな〝自信〟になるんです。**

また、お返事については思い切り褒めることが重要。たとえば、褒めるのが得意なおじいちゃんやおばあちゃんに協力してもらって、「●●ちゃん、何歳になったかな？ へぇ～、3歳か、大きくなったね！」とか、「●●ちゃん、お

あいさつとお返事は
コミュニケーションの基本ですよ！

名前を教えてください。うわぁ～すごい、上手に言えましたね」といった具合に、簡単な質問と回答のやりとりをしてもらいましょう。そして、会話が成立したら「●●ちゃんはお返事がとっても上手。すごいね!」と思い切り褒めてください。**小さい時に、〝お返事をしてものすごく褒めてもらった〟という経験があれば、成長してからもコミュニケーションをとるのが上手な子どもになりますよ。**

- あいさつとお返事は、幼稚園受験の必須項目です
- 知らない人にあいさつをする経験は、子どもの自信となります
- しっかりとお返事ができた時は、思い切り褒めてあげましょう

37

家庭の中で『知育』を行うスゴワザ【幼稚園受験から】

文字が読めたり計算ができることだけが知的な能力ではないのです!

家でも『知育』の教育ができたらいいのにと、思ったことはありませんか？

幼児教育には大きく分けると**〝知育〟〝徳育〟〝体育〟という3本の柱があります。**ここからは、幼稚園受験と絡めながら、この3つのポイントを育てるスゴワザを紹介していきます。

まず今回は〝知育〟です。知育とは、つまり「知的な能力を育てる」ということなのですが、幼児期に必要な知能はＩＱが高いとか、足し算や引き算ができるとかという能力だけではありません。**その年齢にふさわしい理解力や記憶力が備わっているかどうかが問題となります。**たとえば、〝お受験〟年齢の3歳であれば、ままごと遊びの途中で「今度は、リンゴを3つ持ってきて」という課題が出された場合、その言葉をきちんと理解し実行してほしいと思います。

そこで対応ができていれば、3歳児としての記憶力や理解力は備わっていると判断できます。ここでは、そんな知的能力を伸ばすための方法をお知らせします。

家庭での『知育』教育は、**まず「物の名前をたずねる」ことから始めましょう。**目についた物の名前を聞いて、どれくらい知っているかチェックしてみてください。答えられる数が多いほど、能力が高い証拠です。もちろん、分からなくても大丈夫。ただ単に知らないだけなので、しっかりと教えてあげれば知識は増えていきます。そして次はジャンケンです。ジャンケンには〝グーはチョキに勝つ〟〝チョキはパーに勝つ〟〝パーはグーに勝つ〟という『論理の理解』が必要です。**この『論理の理解』は、これからの人生における考える力の土台とな**

一緒に楽しく歌って、
バスタイムを知育タイムにしよう！

ります。簡単な遊びですが、親子でジャンケンをすることは『知育』になるんですよ！

最後は「歌をうたうこと」です。歌詞を覚え、メロディーを覚え、そしてメロディー通りに声を出す。**実は歌うためには大変な知的能力が必要なのです。**バスタイムに親子で一緒に歌をうたうことも、知能の発達に大きく役立つんですよ！

- **年齢にふさわしい理解力や記憶力があるかどうかが大切です**
- **ジャンケンを楽しむことも『知育』になります**
- **なにげないことですが、歌をうたうには知的な能力が必要なのです**

38

家庭の中で『徳育』を行うスゴワザ【幼稚園受験から】

お母さんのマネをすることで基本的生活習慣は身についていきます！

自分のことは自分でできるそんな子どもになってほしいと、思ったことはありませんか?

前回の〝知育〟に引き続いて、今回は〝徳育〟です。〝徳育〟と聞くと道徳を連想するかもしれませんが、むしろ道徳というよりも心や精神面での発達や躾（しつけ）といった意味合いが強いのです。また、**躾（しつけ）の中でも礼儀や作法ではなく、「自分のことは自分でできる」という生活習慣の確立のことだと思ってください。**

幼稚園受験では、よく『基本的生活習慣』が身についているかどうかがチェックされます。それもそのはず、幼稚園に入るとお着替えも、お弁当も、お片づけもすべてひとりでできなくてはいけません。ここでは、子どもになんでもひとりでできるようになってもらうために、家庭の日常生活からできることをお伝えしていきます。

私の個人的な意見ですが、**子どもの教育とは突き詰めれば『マネ』なのです。**たとえばおうちで着替えをする時、多くのお母さんは自分の着替えを済ませてから子どもの着替えを手伝っていると思いますが、それではなかなかひとりでできるようにはなりません。**それなら、考え方を変えてみましょう。**着替えなら子どもと一緒に下着姿で座って、まずお母さんがシャツを着る、そして子どもにマネをさせる。次にお母さんがズボンをはく、そして子どもにマネをさせる…。これはお風呂でも、歯みがきでも、お片づけでも同様です。とにかくお母さんだけが先にやってしまってはいけないの

家族みんなの楽しい食事は
“徳育”のベースになりますよ！

です。**『マネ』の習慣をつくり、繰り返し練習することが「なんでもひとりでできる子ども」になるためには必要なのです。**

また、食事の動作レベルを高めるには楽しい食事の体験が必要です。そのためにに食事中はテレビを消して、家族でお話をしながら食べてください。**「テレビを見ながら無言で食事」、こんな環境では〝食育〟も〝徳育〟も育ちませんよ。**

- 基本的生活習慣の確立には『マネ』が一番です
- 着替えでも、お風呂でも、とにかく『マネ』の習慣をつくりましょう
- テレビを見ながらの食事では、〝食育〟も〝徳育〟も養われません

39

家庭の中で『体育』を行うスゴワザ【幼稚園受験から】

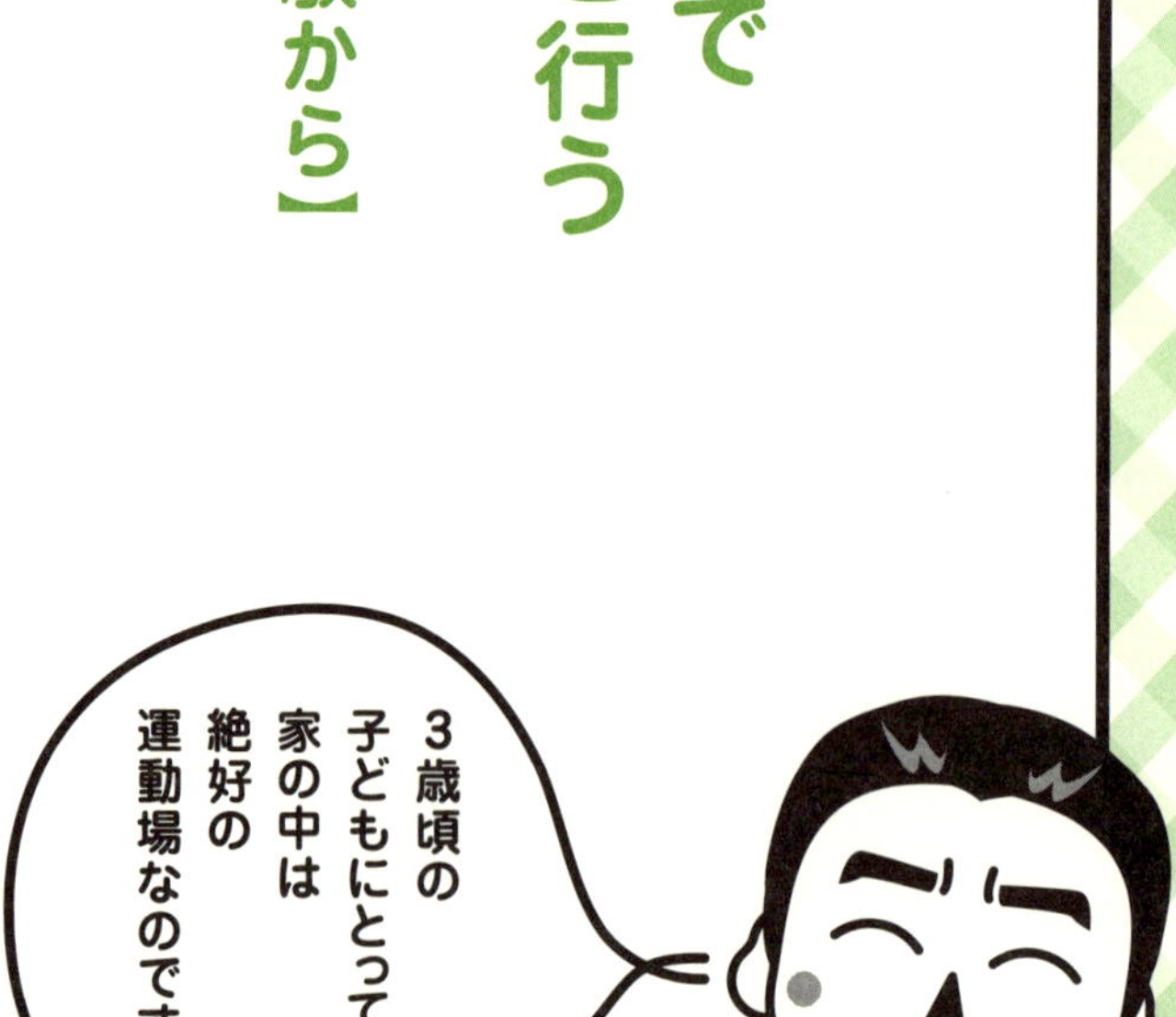
3歳頃の
子どもにとって
家の中は
絶好の
運動場なのです！

体を動かすことが大好きな元気な子どもに育ってほしいと、思ったことはありませんか？

ここ数回は、幼児教育の柱となる〝知育〟〝徳育〟〝体育〟をテーマにしたスゴワザを紹介していますが、最終となる今回は〝体育〟です。ここでキーワードになる〝体育〟とは、体育の授業のことではなく、**体（からだ）を育（はぐく）むということ。**また〝体育〟には、体が大きくなり筋肉がつくことや、抵抗力が強く病気にかかりにくい体になるという意味もあります。つまり、**この時期に〝体育〟を行うということは、丈夫で元気な体をつくることだと考えてください。**やがて幼稚園に入園すれば、園庭のジャングルジムや鉄棒で遊ぶようになり、サッカーやドッジボールなどのボール遊びも始まります。そんな場面でも思い切り遊べるよう、家庭でできる〝体育〟の方法をお伝えします。

　さて、これを読んでいるお母さんは「スポーツは外でするもの」と思ってはいませんか？　実は、幼稚園受験の頃、つまり**3歳児ぐらいなら室内の運動でも充分に『体育』を行えるのです。**むしろ、安全面を考えると運動場のような広い場所よりも、家の中の方が良いかもしれません。家の中で新聞紙を丸めて野球をしたり、大人の腕にぶら下がったり、おすもうやプロレスごっこなど体を動かす遊びをたくさんしてあげてください。「そんな運動量でいいの？」と心配かもしれませんが、**この時期の運動量はこのくらいでOKなのですよ。**

　また、**〝体育〟には歩くことも欠かせません。**私が暮らしている徳島のよう

小さい子どもは、おうちでの
運動が大好きです！

な地方都市だと、車のない生活は考えられません。でも、それを分かった上でお願いです。親が車に乗れば子どもも必ず車に乗ります。そうやって子どもの歩く機会を奪ってしまうのです。だから、おでかけや買い物の時には、どうか徒歩やバスの利用で歩く機会をつくってください。現代っ子は本当に歩いていません。**どんなに時代が変わっても「よく歩く」は体づくりの第1歩ですよ。**

- 〝体育〟とは、丈夫で元気な体をつくることです
- 3歳の頃は、家の中でも充分な運動をすることができます
- 子どもの足腰を鍛えるためにも、徒歩でおでかけをしよう

40

小学校で必要なえんぴつの動作を習得するスゴワザ【小学校受験から】

えんぴつでのお絵かきが文字を習得するための第一歩になります！

えんぴつで文字を書く準備にはどんな練習が必要なのかなと、悩んでいませんか？

前回までは「幼稚園受験は幼児教育の延長線上にある」ということをふまえ、3歳頃の子どもを対象としたスゴワザを紹介してきました。そして、その考え方は小学校でも同様です。ここからは、**体も心も知能もより成長した5歳児（年長）が対象となる**小学校受験をもとにして、日常の育児でも大いに活用できるスゴワザをお伝えしていきます。

そこで、早速ですが幼稚園と小学校、それぞれの受験で一番の違いはなんだと思いますか？ それは書くことです。学校によって違いはあるかもしれませんが、**一般的に小学校受験では、面接テストや行動テストに加えて、ペーパー**

テストが実施されます。このペーパーテストでは、回答を文字で書くことはありませんが、先生の質問に応じて解答用紙に○か×の印をつける必要がありますので、分かりやすく〝○と×〟が書けないといけません。ですので、今回はえんぴつの扱いを上達させる方法をお知らせします。ぜひ参考にしてみてください。

まずは、大きな紙と3Bか4Bの濃いえんぴつを用意します。そして、子どもにえんぴつを持たせてグシャグシャと自由に線を引く練習をさせてください。何度もこのグシャグシャ書きをしていると、子どもはえんぴつの扱いにだんだん慣れてきて、自動車や動物や人間の顔などを描くようになります。**このえんぴつによるお絵かきが、小学校に入学する前の最も大切な『書く』練習になる**

えんぴつの練習には、自由なグシャグシャ書きが最適です！

のです。 遊びの一環として楽しみながら、定期的に取り組ませてあげましょう。

さて、ここまでは受験のお話でしたが、小学校を受験しない子どもにとってもえんぴつが上手に扱えることは大切なことです。**5歳までに「あいうえお」が書けるようになっていれば、小学校に入ってから本当に役立ちます。** まずは遊びからスタートして、ゆっくりとステップアップしていきましょう!

- 小学校受験も幼児教育の延長線上にあります
- えんぴつでのお絵かきは、文字を書くための良い練習になります
- 5歳までに「あいうえお」が書ければ、入学後に役立ちます

41

『聞く』力と記憶力を伸ばすスゴワザ【小学校受験から】

『聞く』力を高め、記憶力を伸ばすには絵本の読み聞かせが最適です！

落ち着いて、じっくりお話を聞いてよ！と、イライラしたことはありませんか？

5歳頃の子どもにとって重要な能力に『聞く』ことがあります。そして、『聞く』ことにはふたつのポイントがあるのです。ひとつは、『聞く』ための体勢をつくること。これは、〝静かにする〟や〝きちんと座る〟など、躾（しつけ）の領域です。そして、ふたつめは記憶力を高めること。意外に思われるかもしれませんが、**『聞く』ことと記憶力は密接につながっています。だから、『聞く』力を伸ばすには記憶力を高める必要があるのです。**

さて、小学校受験では『聞く』ことの理解を確認するための**『お話の記憶』という課題があります。**この課題では、まず先生が次のようなお話を読み上げます。「今日はクマさんのお誕生日。森のおともだちはお祝いにかけつけ、ウサギさんはバナナを、サルさんはリンゴを、リスさんはブドウをプレゼントしました」。そして、そのお話の後に、イラストのようなプリントが配られ〈お誕生日だった動物に○をつけましょう。そして、もらったプレゼントに×をつけましょう〉という問題が出されるのです。**ここで問われるのは、まさに『聞く』ことと記憶力。**5歳になるとこういった能力も必要となってくるのです。

この課題で必要な、「きちんと聞いてしっかりと記憶する力」を伸ばすには練習しかありません。でも、やることは簡単。**とに**

『お話の記憶』の課題では、こんなイラストが配られますよ！

かく〝絵本の読み聞かせ〟です。そして、その途中で内容に関する質問を投げかけてください。そこで考える経験を重ねることで、子どもは『聞く』ポイントを覚え、『聞く』能力は成長していきます。また、聞いた内容を頭の中でイメージできるように、物の名前もたくさん教えてあげましょう。最後になりましたが**〝絵本の読み聞かせ〟はお母さんができる最高の幼児教育です。**仕事や家事も忙しいと思いますが、子どもの成長のために、**〝絵本の読み聞かせ〟はたくさんしてあげてくださいね!**

- 『聞く』能力と記憶力は、密接につながっています
- 小学校受験には『聞く』ことの理解度を確認する課題があります
- 〝絵本の読み聞かせ〟はお母さんができる最高の幼児教育です

42

長時間イスに座っていられる習慣をつくるスゴワザ

【小学校受験から】

長時間イスに座っていられる習慣があれば小学生になっても困りませんよ！

小学生になった時に、しっかりと座って授業を受けられるのかなと、心配に思うことはないですか？

『祖川幼児教育センター』では、小学生を対象とした学習塾も開設していますので、小学生と会話をする機会も数多くあります。そんな時1年生に、「小学生になって一番ツライことはなに？」と尋ねてみると、決まって「45分間、イスに座って授業を受けること」という答えが返ってきます。それもそのはずで、**幼稚園や保育所では歌をうたったり、散歩に出かけたり、ジッとしないのが当たり前。それがいきなり「イスに座って45分ジッとしてなさい！」ですから、1年生がツラく感じるのも納得です。**なので、今回は長い時間イスに座っていられるような練習法をスゴワザとして紹介します。これは受験対策というよりも、**小学校に入学するためには絶対に必要な課題だと思ってください。**

　この練習で必要なのは、**とにかくイスに45分間座っていられる習慣をつくること。**こう書くと「なんだか難しそう…」と思われるかもしれませんが、そんなことはありません。お母さんと子どもが食卓を挟んで向かい合って座り、ゲームをするだけで良いのです！　集中してゲームをしている時は、座っていることさえ忘れていますので、座る習慣づくりには最適なのです。ただし、姿勢が崩れはじめたら、背筋を伸ばしてあげたり（手のひらで背骨をたてに擦ってあげれば、

テーブルゲームを楽しみながら、
座る習慣を身につけよう！

背筋は伸びます）、足のブラブラを注意してあげましょう。**3～4歳頃からこの練習を始めておけば、小学校でもへっちゃらですよ！**

この練習には、トランプ（神経衰弱や七並べ）やオセロ、五目並べなどのゲームが特におすすめです。また、将棋の積み木くずしのようなそーっと行うゲームも集中力を高めてくれます。とにかく、**イスに座って相手を見ながら行うゲームを楽しんでください。**最後になりますが、**1人で行うテレビゲームは自分のペースでしか遊べないので効果はありません。絶対にNGですよ！**

- 小学生になったら、45分間ジッとイスに座っていないといけません
- 子どもと向き合ってゲームを楽しむことが座る練習になります
- テレビゲームばかりだと、正しく座る習慣は身につきません

43

初めての人とでも上手に会話ができる問いかけのスゴワザ【小学校受験から】

〝会話力〟を育てておけば、大人になっても役に立ちますよ！

初めての先生とでも上手に会話ができる子どもになってほしいと、思いませんか？

幼稚園受験と同じように、小学校受験でも〝あいさつ〟は重要なチェックポイントです。さらに、小学校受験ともなれば、「おはよう」や「いただきます」などの〝あいさつ〟にプラスして、**先生からのさまざまな質問に対してきちんと答えられる〝会話力〟も重要となるのです。**そこで、小学校入学前の子どもに必要な〝会話力〟を伸ばすためのスゴワザをお伝えします。

大人でも同じことなのですが、**〝会話力〟を高めるにはとにかく他人と会話をするのが一番です。**幼稚園児も在園中は先生やスタッフとたくさん会話しますので、年齢に応じた〝会話力〟を身につけているとは思います。でも、幼稚園や保育園のスタッフはほとんどが女性ですので、実は**大人の男性と会話をする経験はとても少ないものです。**ところが小学校に入ると、いきなり先生の半分が男性。そんな場面で「緊張してまったくお話ができない！」なんてことにならないよう、**小学校に入学するまでには男性との会話の練習も必要なのです。**

さて、このスゴワザを行うのも【36】のスゴワザと同様にスーパーマーケットが良いでしょう。5歳になると、レジでの〝あいさつ〟も上手にできると思いますので、ここではさらにレベルを高めます。お店の中で男性のスタッフを見かけたら「お砂糖はどこにありますか？」「バターはどこにありますか？」

「恥ずかしい」と嫌がるかもしれませんが、これも経験なのです！

などと、積極的に質問をさせてみてください。ここで、**相手に質問の意味が通じて、相手からの回答が理解できれば〝会話力〟は合格です！** 初対面の大人の男性に話しかけることは、とても緊張することと思います。でも、会話をたくさんすることが最高の練習になりますので、スーパーマーケット以外でもいろんな人と会話する機会をつくってあげてください。**このスキルは、子どもが社会に出て人間関係をつくる際にも役立ちますよ！**

- 小学校受験では〝あいさつ〟にくわえて〝会話力〟が必要です
- 幼稚園児には、大人の男性とお話をする経験があまりありません
- スーパーマーケットなどで、話しかける機会をつくってあげよう

44

楽しみながら“手先の器用さ”をアップさせるスゴワザ【小学校受験から】

簡単な遊びを
楽しみながら
子どもの手先を
器用にして
あげましょう！

手先がなめらかに動く、器用な子どもになってほしいと思いませんか？

一般的なイメージとして【小学校受験＝国語や算数のテスト】と思われがちですが、実はそればかりではありません。たとえば、数年前には〈小さな箱をハンカチで包んで結びましょう〉という、〝手先の器用さ〟をチェックする課題が出されたこともあるのです。つまり、小学校受験の課題になるくらいですから、**手先が器用であることは5歳児にとってとても大事なことなのですね。**

ここでは、折り紙が上手に折れたり、思い通りにハサミを扱えたり、ヒモを結べたり、お箸を使いこなしたりといった、〝手先の器用さ〟を上達させる方法を紹介してみます。

突然ですが、1歳頃の赤ちゃんが最初に行った手のひらのサインを覚えていますか? それは人差し指を上に立てる「1」のサインです。でも、「2」や「3」のサインができるようになるには、そこから1年以上かかるのです。このように、**〝手先の器用さ〟はたちまちには成長しないものですので、あせらずゆっくりと取り組んでくださいね。**

さて、〝手先の器用さ〟を高めるには、**グー・チョキ・パーを素早く出すジャンケンが一番です。**たまに、器用さに自信がなくてグーばかりを出す子どももいますから、そんな時はこちらも意図的にグーを出し続け、パーを出すきっかけをつくってあげてください。次は、指定した指を動かす遊びです。「くすりゆび」と言ったら〝くすりゆび〟だけを動かせるかどうかを試してみてください。正

「2」や「3」のサインも、実はかなり難しい動作なのですよ!

直なところ、これは子どもにはとても難しい運動です。ですが、この遊びを行うことで、**脳と指先とを結ぶ神経が強くつながり、手先はより器用になります。**

また、目標に向かってボールを投げる『ボール投げ』も、手の指や手首をうまく使う必要がありますので、器用さを身につけるにはおすすめですよ。そして最後はお箸です。食事の時ではなくおやつの時間にお箸を持って、ポテトチップスやチョコボールを食べさせましょう。**「よ〜い、ドン!」で競争すれば、楽しく、美味しく、器用さが身につきますよ!**

- 5歳児にとって、〝手先の器用さ〟は大切なポイントとなります
- 〝手先の器用さ〟を成長させるには時間がかかります
- 楽しいゲームを利用して、遊び感覚で手先を器用にさせてあげよう

45

豊かな『言葉づかい』を身につけるスゴワザ【小学校受験から】

小学校受験の
〝ペーパー試験〟
には、幼児教育的に
大切なことが
詰まっています！

将来に役立つ、豊かな『言葉づかい』を身につけてほしいと思いませんか?

さて、ここまでは小学校受験を受ける場合に必要な要素をいろいろとお伝えしてきました。しかし、やはり小学校受験において一番ウエイトを占めるのは、間違いなく〝ペーパー試験〟となります。そして、この**ペーパー試験は大きく分けて〝言葉〟〝数〟〝図形〟〝社会・生活〟〝自然〟〝絵画・音楽〟の6分野に分けられるのです。**受験対策としてはもちろんですが、幼児教育的な視線から見ても、この6分野は小学校の受験期（5歳児）にぜひ学んでもらいたい課題です。**小学校受験を目指さない子どもにとっても各分野の存在を知り学ぶことは、強力な入学準備となります**ので、ここからは数回に分けて〝ペーパー試験〟を構成する6分野についての紹介をしていきます。

まず最初は〃言葉〃の分野です。たとえば、〃ペーパー試験〃ではイラストのような問題が出題されます。①の〈〃しりとり〃が完成するのはどっち?〉はこの本でも何度か紹介した〃しりとり〃の問題です。この問題では「リンゴ→ゴリラ→ラッパ」とつながる、左の□に○を入れれば正解です。ここからも分かるように**〃言葉〃の習得には〃しりとり〃が最適なのです。**豊

問題① しりとりが完成するのはどちらでしょう

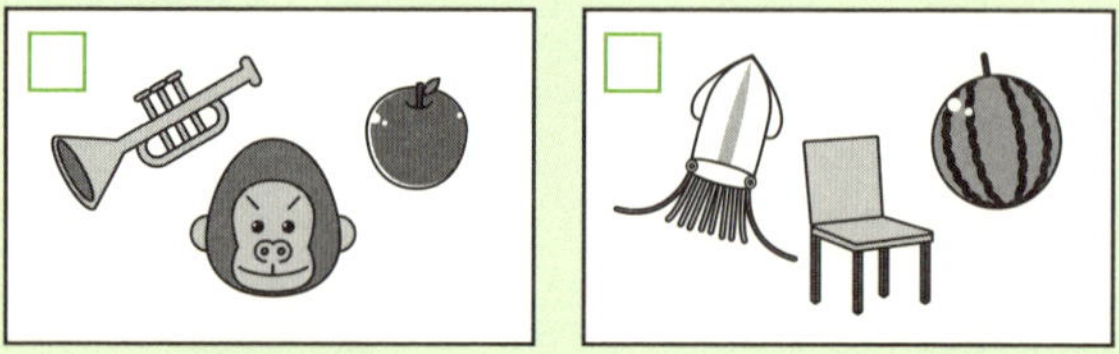

“言葉”の習得をチェックする、“しりとり”の問題。

問題② 「かける」という言葉に合う絵に○をつけましょう

このような問題で“言葉”の理解度がチェックされます。

かな言葉づかいを身につけるためにも、〝しりとり〟でたくさん遊んであげてくださいね。

続いて②のイラスト。これは〈「かける」という言葉に合う絵に○をつけましょう〉という問題です。この問題を解くためには、どんな動きが「かける」なのかが分かるように、たくさんの言葉を覚えておかなくてはなりません。**子どもが言葉を覚えるためには、身の回りの物の名前を数多く教えることや、楽しい会話を繰り返すのが一番です。**地味ですが、そんな練習を積み重ねて、ボキャブラリーを増やしてあげましょう。そうやって身につけた〝言葉〟の数々は、受験用の知識だけではなく**小・中・高へと続く学習の土台となるのです。**

- **〝ペーパー試験〟の出題分野は幼児教育的に大切なものばかりです**
- **豊かな言葉づかいには〝しりとり〟遊びが欠かせません**
- **数多くの〝言葉〟を知ることは、人生の教養につながります**

46

数や数字に強くなるためのスゴワザ【小学校受験から】

数や数字に
強くなるには
おやつの時間に
楽しく学ぶのが
おすすめです！

数や数字に強い子どもになってほしいと、思ったことはありませんか？

小学校に入学するまでに理解しておきたい項目の中に〝数の概念〟があります。〝数の概念〟と聞くと「大人でも難しいんじゃない？」と思われそうですが、そうではありません。たとえば消しゴムが10個並んでいた場合に、「その個数を1から10まで数える」ことができて、「この状態が『消しゴムが10個ある』こと」だと理解し、「一番右の消しゴムは、左から数えて10番目である」ことが分かればバッチリです。でも、大人には簡単なこの課題も5歳児にはとても難しいもので、実はこの**〝数の概念〟に関する課題は、小学校受験の〝ペーパー試験〟でもよく出題されています。**なので、まずは過去の問題を紹介し、入学前までに必要な〝数の概念〟がどんなものかをお伝えします。

まず基本はこんな問題。受験児の前に①のイラストが置かれ〈どちらのサイコロが多いですか?〉と問われます。この時、〃数の概念〃を理解していない子どもは間違いなく「上のサイコロが多い」と答えてしまうのです。そしてレベルが上がると、②のようなイラストが出され〈ウサギさんを右へ3つ、上へ2つ動かしてください。その移動したところに○をつけてください〉となります。どちらも『きちんと数を数えること』をチェックする代表的な問題ですが、**5歳児には少し大変。**そこで今回は、〃数の概念〃を理解するスゴワザです。

〃数の概念〃を楽しく理解するにはおやつの時

問題❶ **どちらのサイコロが多いですか?**

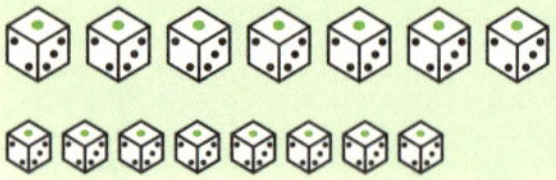

「"大きさ"と"多さ"は違う」ということがチェックされます。

問題❷ **ウサギさんを移動させましょう**

パズルのような問題ですが、5歳児には少々難問です。

間がベストです。クッキーなどの小さなお菓子を目の前に置いて、

①今日は何個食べる?

②(少しだけ渡して)あと何個食べる?

③お母さんと合わせたら何個になる?

④(並べてから)右から4番目を食べよう!

など、毎日のおやつの時間に〝数〟にちなんだ質問やゲームを行ってください。そうすれば、お菓子を食べたい子どもは必ず真剣に取り組んでくれます。**「興味を持たせて、遊びながら教育する」**。〝数の概念〟を身につけるにはこれが一番なのです!

- 〝数の概念〟は小学校受験によく出題される課題です
- 〝数の概念〟を理解させるには、おやつの時間を利用するのが一番
- 子どもに興味を持たせるために、遊びながら教えてあげよう

47

図形感覚や空間感覚を養うスゴワザ【小学校受験から】

イメージを
膨らます練習は
子どもの中の
さまざまな感覚を
刺激します！

想像力が豊かな子どもになってほしいと、思ったことはありませんか？

今回のテーマは〝図形〟です。まずは小学校受験に出題された過去の問題（次のページのイラスト参照）から紹介しましょう！ まずは①。問題文は〈下の絵の足りない部分は、右の3つの絵の中でどれでしょう?〉です。続いて②。こちらの問題文は〈左のトラックの絵は、右の4人のうちどの子から見た絵でしょう?〉となります。

どうです、正解は分かりますか?

小学校受験では、このようなパズル風の問題がよく出題されています。そして、その課題で問われるのは**〝図形感覚〟や〝空間感覚〟なのです。**とくに②の問題は、実際に外へ出てトラックの周辺を歩きながらだと簡単な問題ですが、頭の中のイメージだけで絵を想像し、正解を見つけることは大人でも難しいのではないでしょうか。くどいようですが、小学校受験で出題されることは、すべて5歳児に必要なものばかりです。ですので、**日頃から家の中にあるさまざまな物をピックアップして、いろんな角度から見たり、鏡に映して見たりして、〝図形感覚〟や〝空間感覚〟を養うクセをつけてあげましょう。**

問題❶　左のイラストに足りない部分は3つのうちどれでしょう

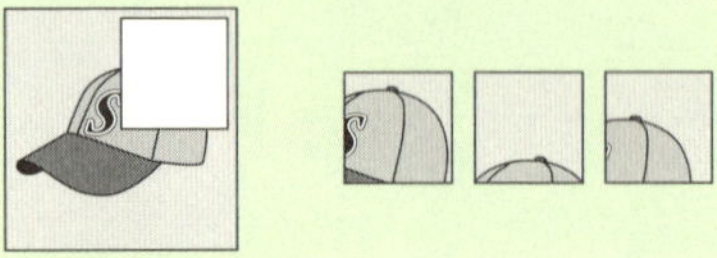

パズル遊びが得意な子どもには簡単ですね！

問題❷　トラックの絵は、4人のうちどの子から見た絵でしょうか？

この問題を解くには、想像力が必要となります。

最後に〝図形感覚〟や〝空間感覚〟を伸ばすスゴワザですが、これは**『教わる』ことよりも『体験する』ことが重要です。**たとえば、折り紙。これは飛行機や鶴を作るよりも、2つ折りにした紙をハサミで切って、それを広げたらどんな形になるかを考えさせるのが良いです。そのほかに、工作もおすすめです。まずは、ダンボールやティッシュペーパー、新聞紙などたくさんの素材を用意し、車やロボットなど、何かに見立てたものを作ってもらうのです。この製作には想像力が必要になりますから、子どものイメージを大きく膨らませる練習としては最適なのです。このように、**小学校受験では、「小さい時どれだけ考えたか？ どれだけ自由に遊んだか？」も問われているんですよ！**

- **日頃の生活の中で、〝図形感覚〟や〝空間感覚〟は養われます**
- **〝図形感覚〟や〝空間感覚〟を伸ばすには体験が必要です**
- **小学校受験では、「どれだけ考えて遊んだか？」も問われます**

48

社会や生活への興味を高めるスゴワザ【小学校受験から】

その目で社会を見ることで子どもの中の『社会性』は高まるのです！

社会のルールを理解して正しく守れる子どもになってほしいと、思いませんか?

小学生として学校生活を送るためには、**幼稚園の時には必要のなかったスキルを身につける必要があります。**たとえば、学校では『食事』や『排泄』などを必ずひとりでしないといけませんし、通学時には『交通ルール』を守らなくてはなりません。また、おともだちとの関わり方も変わってきますから、他人との人間関係についても学ばなければいけません。小学校受験では、そういった**小学生に必要な〝人間力〟を持ち合わせているかどうかをチェックするために〝ペーパー試験〟の中で、〝社会・生活〟の分野も出題されるのです。**

では、〝社会・生活〟に関する過去の問題です。まずは①。問題は〈道路にはいろいろな標識があります。上の絵と下の標識があてはまるように線を結んでください〉です。**ここでは、通学時に必要な交通ルールの理解が問われます。**また②では〈上の人たちはどの道具を使っていますか？下から選んで線を結んでください〉と問われ、**身近な社会をどれだけ知っているかがチェックされています。**どちらも〝社会〟の問題です。ほかにも、〈自分ですることと親や先生にしてもらうこととの区別〉など、〝生活〟に関する出題もほぼ必須です。

問題①　上の絵と下の標識を正しくつなぎましょう

ひとりで通学するには多くの標識を覚えなければいけません。

問題②　上の人たちが使う道具はどれですか？

みんなのために働く人がいることを教えてあげてくださいね。

そしてここでスゴワザです。ここで紹介している〝社会・生活〟の分野を伸ばすには、とにかく**「社会を見せる」ことが最適なのです。**〝電車・バスなどの公共交通機関を積極的に利用する〟や〝市役所・郵便局などへ連れて行って、建物や仕事を見せる〟などを経験させ、**自分を取り巻く〝社会〟がどうなっているか、そしてそこではどんな人たちがどんな姿で働いているのかということを、その目で見る機会をつくってください。**その体験や経験が〝社会〟に対する興味を高めていきますので、結果的に子どもが身につける知識の量や、ルールの数も増えていくのですよ。

- 小学生には、小学生のスキルが必要となります
- 〝ペーパー試験〟では、〝社会〟や〝生活〟の分野も出題されます
- 子どもの社会性を伸ばすには、「社会を見せる」のが一番

49

自然環境への興味を高めるスゴワザ【小学校受験から】

〝自然〟への興味を高めるためにはお母さんの感動が必要なのです！

いろんなことに感動できるピュアな心を持ってほしいと、思いませんか？

ここ数回は小学校受験の〝ペーパー試験〟を題材に、小学校入学前までに学んでおきたい分野に関する解説を行っています。そして、シリーズ5回目の今回は、その中から〝自然〟に関するお話です。ここでの〝自然〟とは、つまり小学校の授業で習う理科のこと。この分野では、**動・植物の特性や、海や空、そして気象や季節など、自然環境に関する理解がチェックされるのです。**

さて、実際にこの分野で問われるのは、主に「これまでに、どんな自然を体験してきたか?」ということ。例を挙げれば、①の絵をもとにした〈4つの絵を春・夏・秋・冬の順番に並び替えなさい〉という問題（表記した例は徳島県での過去問題です。**小学校受験の〝ペーパー試験〟では、その地方ならではの選択肢が使われることもあります**）や、②のような〈4つの動物を、卵で産まれる動物と赤ちゃんで産まれる動物に分けなさい〉といった問題をよく見かけます。確かにこのような問題を解くには、理科的な知識は欠かせません。でも、**知識だけではなく、自然に興味を持ち感動できる好奇心も必要なのです。**なので、今回は子ど

問題❶ **春・夏・秋・冬の順番に並びかえてください。**

小学校受験には季節の問題がよく出題されます。

問題❷ **赤ちゃんで産まれるものはどの動物で、卵で産まれる動物はどれかな？**

動・植物の知識量を増やすには、好奇心が大切です！

もが自然への興味や関心を高めるスゴワザを紹介しましょう。

子どもに自然環境への興味や関心を持ってもらいたいなら、まずなによりも**親が自然に感動することが必要です。**たとえば、少々こっけいかもしれませんが、夜寝る時にお星さまや月の話をして、子どもと一緒に「明日も太陽が昇ってくれるかな」と祈ってください。そして次の朝、親子で日の出を迎えたら「やったぁ！」と、大げさに感動してほしいのです。ほかにも、雪が降った、満月を見た、珍しい虫がいる…。**さまざまな自然の姿にお母さんが感動する姿を見せてあげれば、子どもの好奇心はドンドン育ちます。**子どもにとって好奇心はとても大切なものですので、ぜひ親子で自然への感動を共有してくださいね！

- **〝自然〟の分野は、小学校で学ぶ理科の授業のベースになります**
- **〝自然〟の分野の問題を解くには、知識にくわえ好奇心が必要です**
- **お母さんが感動する姿を見て、子どもの好奇心は育まれます**

50

認めて、褒めて子どもの意欲を高めるスゴワザ【小学校受験から】

子どもに自由な発想を持たせるためには〝褒める〟ことが一番です！

どんな問題に対しても、意欲的に取り組める子どもになってほしいと思いませんか？

幼児期の子どもにも、実はさまざまな個性があります。おとなしいや活発からはじまって、ていねいや乱暴、ゆっくりや気ぜわしいなど、個性のパターンは数えだしたらキリがありません。今回はそんな**それぞれの個性を伸ばし、子どもに〝自由な発想〟を持ってもらうためのスゴワザです。**

子どもが〝自由な発想〟を身につけるには意欲と興味が必要です。そしてその力を伸ばすには、とにかく〝褒める〟ことが一番。たとえば、1歳で歩けたら「すごい！」、パパやママと言えたら「すごい！」、スプーンが使えたら「すごい！」、人の顔の絵が描けたら「すごい！」…。幼児期には褒められた経験がそのままモチベーションとなり、その思いは「なんにでも挑戦してやろう」という意欲にもつながっていくのです！

さて、ここで話題を小学校入試に戻します。〝ペーパー試験〟に出題される〝美術・音楽〟の問題には、〈①この絵のテーブルを自分の家の食卓だと思ってください。では、そこに食事をしている人や料理を書きくわえましょう〉や、〈②今から音楽を流します。その音楽を聴いてどんな気持ちになり

問題① **紙に絵が書いてあります。自分の家の食卓テーブルだと思ってください。では食事をしている人や料理を書き加えてください。**

家庭の様子をいかに絵で表現するかがポイント！

問題② **今から音楽を流します。その音楽を聞いて、どんな気持ちになりますか？それを人の顔に表してみてください。**

音楽の印象を表情にする問題は大人でも難しいかもしれません。

ますか？ その気持ちを人の顔に表してください〉のような問題も出題されます。ここでは子どもの発想力が問われており、最初から正解はありません。ですが最近は、このような**発想力が問われる問題が出ると、「僕、描けない」と言って取りかかれない子どもが増えてきているのです。**これは本当に悲しいことです。

本来、子どもの発想は自由で無限大です。でも環境によってはその発想がペシャンコにしぼむこともあるのです。時には〝型にはめる〟ことが求められることもあるでしょう。ですが、**できるだけ子どもの自由な表現を認め、そして褒めてあげてください。〝褒める〟ことは最大・最高の幼児教育なのですよ。**

- **子どもの〝自由な発想〟には、興味と意欲が欠かせません**
- **最近は、自由に考えるのが苦手な子どもが増えています**
- **〝褒める〟ことは、最大・最高の幼児教育となります**

51

幼稚園や小学校の受験を子育てに活かすスゴワザ

目標をつくり
その目標に向かって
がんばることが
親子の成長に
直結します！

目標に向かって一生懸命にがんばれる子どもになってほしいと思いませんか？

この章では、幼稚園受験や小学校受験に必要な課題をもとにしたスゴワザを紹介してきました。これは、私が幼児教育者という立場ですから〝受験〟をテーマにしただけであって、決して〝受験〟をおすすめするものではありません。ただ、これまた幼児教育者の立場から言わせてもらえれば、**幼児期の子どもに目標や目的を持たせることはとても重要なことです。課題をつくり、できるようになろうと練習する。その積み重ねが子どもを成長させてくれるのです。**

中学校以上の受験は、その子どもの学力が問われますから「受かる」「受からない」がすべてです。でも、幼稚園や小学校の受験は成長の真ん中にいる子どもたちが挑戦するものですから、それが現時点で何点であっても本当は関係ないのです。むしろ「自分の子どもの成長のために受験を利用してやろう」というふうに考えればよいでしょう。もちろん、それが習字やそろばんの段位試験、スイミングスクールの検定でもかまいません。**幼児期に挑戦できるさまざまなテストを親子の成長の道具にしてみてくださいね！**

そして、この章の最後に、子どもの理解度をよりいっそう高めるスゴワザをお伝えします。それは**「子どもに先生をさせること」**です。子どもが机に向かってお勉強やお絵かきなどに取り組んでいると、どうしてもお母さんは上から目線で、あれやこれやとアドバイスしてし

子どもと一緒に少しずつ
成長していきましょう！

まうものです。これを解消し、さらに子どもの意欲を高めるために、お母さんは知らないフリをして「先生、教えてください！」ってお願いするのが有効です。そこで子どもが答えを教えられたらそれは問題を充分理解している証拠ですし、**お母さんに教える経験は子どもにとって大きな自信にもなります。**こんなふうにして、いろんなことを**覚えたり理解することを楽しみながら、子どもとともに毎日少しずつ成長していきましょう！**

- 目標や目的に向かってがんばることは子どもの成長を促します
- テストや検定を、親子が成長する道具として利用しよう
- お母さんに教える経験は、子どもにとって大きな自信となります

52

～おまけ～ スマホを使って妖怪に、しつけを代行させるスゴワザ【ワイヤーママ編集室より】

秋田県に〝なまはげ〟がいるように、スマホには、しつけ妖怪が!!

最後の切り札として、〝しつけ〟を代行してくれる妖怪がいることをご存じですか？

今まで紹介してきた祖川先生の51個のスゴワザ。そんなスゴワザを毎月連載している雑誌『ワイヤーママ』には祖川先生の他に、もうひとり（？）、**しつけを助けてくれる〝ギョロロ〟という妖怪がいます！**

秋田県に、大迫力で「悪い子はいねぇがぁ？」と子どもを叱ってくれる〝なまはげ〟がいることはご存じですか？　**鬼のような顔で手に巨大な包丁を持ち、大声で子どもを叱る秋田の伝統文化です。** みなさんの家にも〝なまはげ〟がいてくれたら…そう思われるかもしれません。一昔前には、日本のどこにでも〝なまはげ〟のような恐いオジサンが近所にいて、悪さをした子どもを叱ってくれたものです。しかし現在では地域コミュニティーは希薄になり、そんな〝なまはげ〟のように恐いオジサンも存在しません（コンプライアンス的にも…）。

そこで〝しつけ妖怪ギョロロ〟の登場です。使い方は簡単！ iPhoneまたはiPadから専用アプリをダウンロードするだけで、「お片づけしなさい」「静かにしなさい」など合計12種類の〝しつけ動画〟が流れます。**お母さんはスマホを手にして、子どもに向かってその動画を**

iPhone、またはiPadからダウンロード（無料）できます！

見せるだけでOK。効果はテキメンですよ!

- お母さん! たまには肩の力を抜いてスマホに頼ってみましょう♪
- 「今度○○したら、またギョロロが来るよ〜」でますます効果UP!!

おわりに

前作よりも多種多様な構成となりましたが、いかがでしたでしょうか？

今作では、最近の育児一般の中で大きな話題となっている「イクメン」の話題や、幼児教育本ではややタブー視されている「幼稚園・小学校の受験」など、実際の育児においてより必要と思われる内容を盛り込みました。紹介したスゴワザを実践して、〝我が家の育児の成功例〟を増やしていただければ幸いです。

「幼稚園・小学校の受験」について少し書いておきます。

日本に生まれ成長していく場合、一般的な公立のコースだと高校入試まで受験する必要がありません。でも、各都道府県にある国立の幼稚園や小学校には必ず受験があり、有名私立大学の集まる大都市圏では、受験が実施される私立の幼稚園や小学校も数多くあります。それはなぜでしょうか？　私見ですが、それは受験で問われる内容が、その時代における幼児教育のひとつのゴールだからではないでしょうか。だからこそ国立の幼稚園や小学校で受験が実施されていると思います。間違いなくそれらの入試問題には、その時代に即した幼児教育や能力開発のノウハウが凝縮されています。つまりは最高のテキストです。そんな受験に向かい、真摯に準備（学習・訓練）し努力することは効率的で無駄のない幼児教育につながり、子どものさらなる成長への土台づくりになります。受かる、受からないは別として「子どもの成長に受験を利用してやろう」ぐらいの距離感で受験と向き合うことは、価値のあるチャレンジになるのです。

子どもの未来のために親ができることとは…

話は変わりますが、親というのは子どもに対しては本当に欲のかたまりです。産まれた時は「無事に産まれただけで最高！」と思うのですが、2~3ヶ月も経てば、女の子なら「顔はかわいくて、性格は明るくて、ピアノが上手で…」などと考え、男の子だと「丈夫で、元気で、スポーツ万能で…」と、我が子への欲はどんどん膨らみ続けます。そして、自分はできなかったくせに「テストは満点を！」「東大や京大に入って！」「医者か弁護士になって！」など、大きな夢も見てしまいます。子どもには迷惑な話ですね（笑）。でも、親というものはそれで当然。むしろ、そう思わない親はいません。だからこそ、その夢のためにもこの本で紹介しているスゴワザを実践して子どもたちを楽しく、そして厳しく育ててあげてください。また、本文でも少し触れましたが、私は〝絵本の読み聞かせ〟こそが最高の幼児教育であり、能力開発の第一歩だと思っています。育児の中で迷った時は、とにかく絵本を読んであげるのが一番です。

『楽しい育児』は、確実に未来へ連鎖していきます。

私は、すべてのお母さんが明るい気持ちで『楽しい育児』を行うことを心から望んでいます。なぜなら、子育て中のお母さんが『楽しい育児』を行えば、その姿を見たこれからのお母さんも「あ〜、子育てって楽しそうだな」と思ってくれます。そしてそんな楽しさの積み重ねこそが、最高の少子化対策になると思うのです。未来のお母さんや子どもたちの幸せのためにも、〝育児ができる喜び〟とともに毎日を楽しくすごしてくださいね！　できれば、この本を携えて…。

今回も、多くのみなさまにご協力をいただきました！

私のコラムを連載してくれている『ワイヤーママ徳島版』の原田剛様、そして佐藤敏彦様。かわいいイラストを描いてくださった佐藤あすか様。素敵な写真を撮影していただいた『ニイミ写真館』の新見茂仁様。心より感謝しております。また「続編が読みたい」とのリクエストをいただいた全国のみなさまにも感謝しています。おかげで2冊目の本を出版できました。そして、最後になりますが、この本をお読みいただいたみなさま、本当にありがとうございました。

平成26年6月

本書に掲載している“スゴワザ”は祖川先生が園長を務める、『祖川幼児教育センター』で編み出されました!

「楽しみこそが学ぶこと」をモットーとする私立保育園・幼児教室

1978年の開校以来、「楽しみこそが学ぶこと」を幼児教育の最も大切な理念と考え、多くのお子様の成長をサポートしてきた『祖川幼児教育センター』(徳島市中前川町)。毎日、朝早くから夕方遅くまでこどもたちの楽しそうな笑い声が響き、4つのスタイルで展開されている各教室では、『祖川幼児教育センター』が独自に構築した[REFA理論]に基づき、0歳〜12歳までのお子様に向け、温かみにあふれた教育が実践されています。

祖川幼児教育センター 実施教室

- E・D・A教室…… 1歳6ヶ月から5歳の知能開発
- E・D・A保育園… 1歳6ヶ月から5歳の私立保育園
- 小学生学習塾… 小学生のための学習塾
- 親子でポン…… ベビーのための幼児教室

祖川のREFA《レファ》理論

『祖川幼児教育センター』の各教室では右記の[REFA理論]をもとにレッスンを展開しています。

- REPEAT(くり返す)
- FUN(楽しい)
- ACTIVITIES(遊び)

この楽しい、遊びを、くり返す、お勉強がE・D・A教室なのです。

1.5才からの知能開発のための幼児教室

E《イー》・D《ディー》・A《エー》教室

幼児期のお子様を対象に「楽しみこそが学ぶこと」を実践する、知能開発のための幼児教室です。レッスンでは「ことば・文字」「数」「図形」「行動」の4つ領域を設定し、オリジナルの教材を使った独自のプログラムが組み込まれています。また、知能開発のために、カルタ取りや神経衰弱など、子どもが“楽しい”と思える遊びを中心としたカリキュラムで1時間が構成されています。

E・D・A教室では、子どもの興味をひくおもちゃ・パズル・カルタで、記憶力や理解力の発達を目指します。この教室に関する問い合わせはTEL088-623-6600『祖川幼児教育センター』まで。

E・D・A教室の効果

❶国立&私立の幼・小受験に強くなる。 ❷知能指数(IQ)が向上する。

しつけのための私立保育園

E《「イー」》・D《「ディー」》・A《「エー」》保育園

1に躾（しつけ）、2に自主・創造、3に明るく・たくましくがモットーの私立保育園。子どもひとりひとりの個性を大切に考え、お母さんとの会話を重視しながら、家庭的で温かみのある保育と、祖川ならではのカリキュラムを含めた幼児教育が行われています。

[E・D・A保育園]には、1歳6ヶ月からどなたでも入園可能です。「ソルフェージュ」「絵画」「英会話」「造形」などが特別カリキュラムとして受講可能です。

基礎学力から考える力へ

小学生学習塾

鳴門教育大学附属小学校と徳島文理小学校に通う小学生を専門に指導する学習塾（学童保育を含む）です。1年生から6年生までを対象に、算数・国語の基礎学力を復習中心に学習。漢字検定や算数思考力検定を実施し、「自分で考える力」をつけることを目指しています。

小学生対象の教室としては、左記の「小学生学習塾」をはじめ、「速読教室」と「学童保育」も運営しています。

ベビーのための幼児教室

親子でポン はいはいクラス・よちよちクラス

ベビーのための幼児教室で、その実体は「公園の室内版」です。年齢的には6ヶ月頃から3歳になるまでの赤ちゃんが対象となります。レッスンでは、ハイハイで動き回ったり、親子で一緒に積木やおもちゃで遊びながら、この頃に必要な「さわってみたい」「やってみたい」という好奇心や意欲を育んでいます。

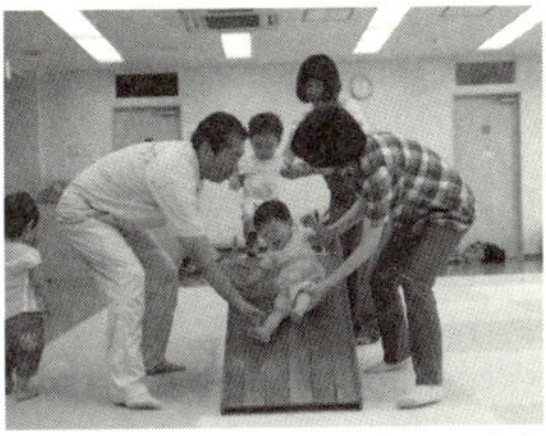

[親子でポン]の運営は『NHK文化センター徳島教室』が行っています。この教室に関する問い合わせはTEL088-611-6881『NHK文化センター徳島教室』まで。

ワイヤーママは全国に展開中!!

全国に広がるワイヤーの仲間たち

2001年、徳島で生まれたワイヤーママは、
北は秋田県から、南は熊本県まで、
日本各地にフランチャイズの輪を広げています。
それぞれのエリアでは、
誌面＋WEB＋イベントを通じてさまざまな情報を発信し、
ママとキッズの毎日を楽しくサポートしています!

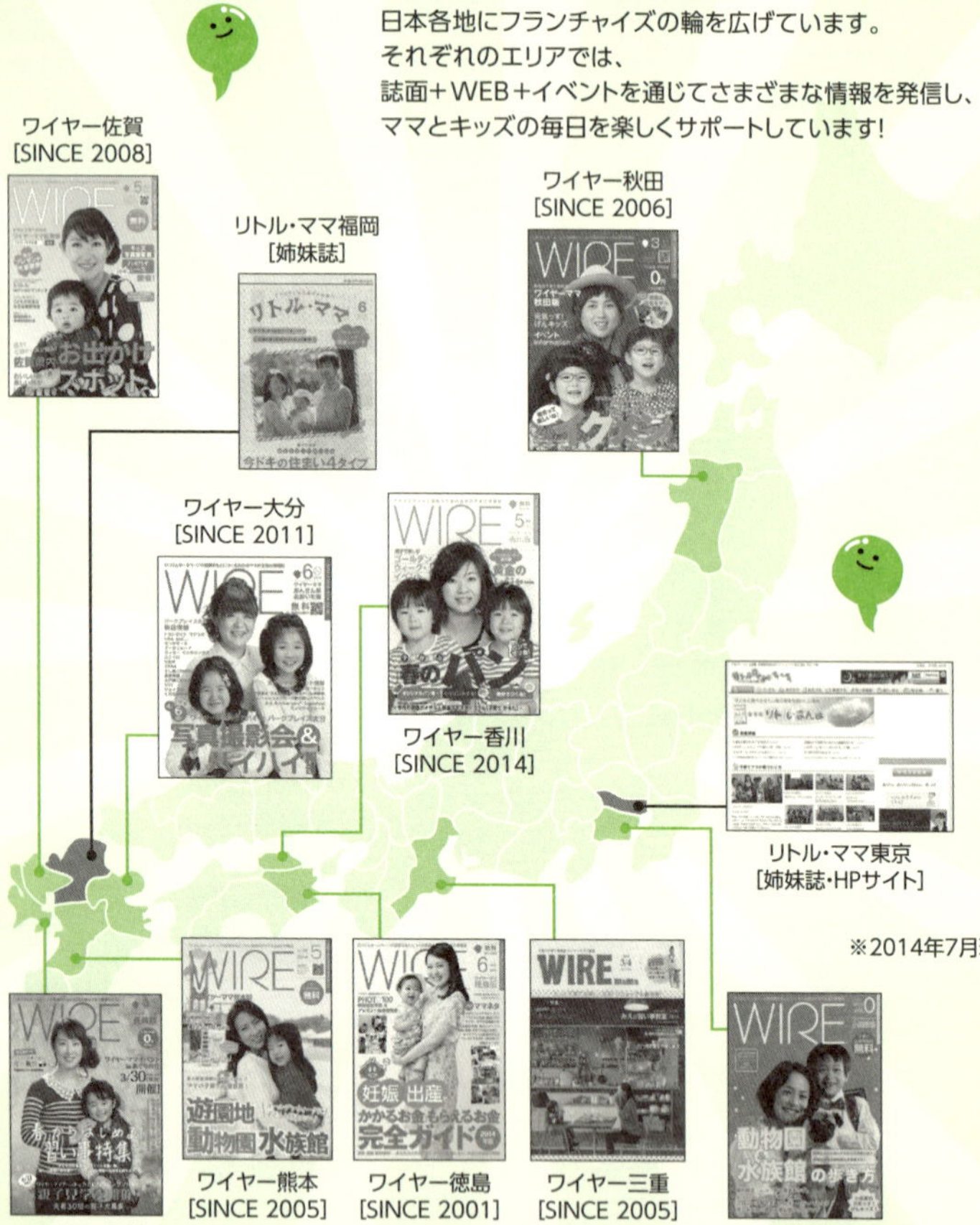
ワイヤー佐賀
[SINCE 2008]
リトル・ママ福岡
[姉妹誌]
ワイヤー秋田
[SINCE 2006]
ワイヤー大分
[SINCE 2011]
ワイヤー香川
[SINCE 2014]
リトル・ママ東京
[姉妹誌・HPサイト]
※2014年7月現在
ワイヤー長崎
[SINCE 2011]
ワイヤー熊本
[SINCE 2005]
ワイヤー徳島
[SINCE 2001]
ワイヤー三重
[SINCE 2005]
ワイヤー西湘(神奈川県)
[SINCE 2014]

WIRE
ワイヤーママ編集室
㈱ワイヤーオレンジ
(ワイヤーママ全国FC本部)

〒770-0872
徳島市北沖洲1-14-24(ワイヤービル)
TEL.088-664-0250　FAX.088-664-5201
E-mail mama@wire.co.jp
http://tokushima.wire.co.jp

著者略歴
祖川泰治（そがわ・たいじ）

1950年徳島市生まれ。慶應義塾大学を卒業後、鐘紡（株）に入社し繊維の営業職として12年間のサラリーマン生活を送る。34歳の時、父親の興した『祖川幼児教育センター』を継ぐために帰郷。まったくの畑違いとなる教育業界への転職に戸惑いつつも、ゼロから幼児教育を学ぶため35歳の時に［鳴門教育大学大学院 幼児教育コース］に入学。2年間の学生生活では、幼児教育の基礎を学び、さまざまな実習を経験することで幼児教育の重要さを実感する。そして、卒業後は『祖川幼児教育センター』の園長となり、毎年約400人の園児を30年間に渡って指導。『祖川幼児教育センター』で学んだ、のべ約12,000人の中には、東大や京大など難関大学へ進んだ卒園生も多数。幼児教育におけるモットーは「楽しみこそが学ぶこと」。子どもは楽しみを原動力に成長する、と確信している。

株式会社 祖川幼児教育センター 園長
NPO法人「0歳からの教育」推進協議会 理事
徳島市保育園協議会 会長

●著作／失敗しない 育児のスゴワザ51（2013年12月1日発行）

続《ぞく》・失敗《しっぱい》しない　育児《いくじ》のスゴワザ52

2014年7月4日　初版発行

発行　**株式会社ワイヤーオレンジ**

発行者　原田 剛

〒770-0872 徳島県徳島市北沖洲1-14-24（ワイヤービル）　http://tokushima.wire.co.jp/

発売　**株式会社インプレスコミュニケーションズ**

〒102-0075　東京都千代田区三番町20番地　TEL（03）5275-2442

■本の内容に関するお問い合せ先 …… **ワイヤーオレンジ**
TEL（088）664-0250　FAX（088）664-5201

■乱丁本・落丁本のお取り替えに関するお問い合せ先 …… **インプレスコミュニケーションズ カスタマーセンター**
TEL（03）5275-9051　FAX（03）5275-2443

カバーデザイン：萩原弦一郎［デジカル］
カバー写真：　新見茂仁
本文デザイン：　玉造能之［デジカル］
本文イラスト：　佐藤あすか
［佐藤デザイン工房］http://luckta.com/

編集：佐藤敏彦、筒井則行、福光俊介、
佐藤秀広、紋田典行［ワイヤーママ徳島版］

印刷・製本：三共グラフィック株式会社
ISBN978-4-8443-7638-5　C2077

※本書で紹介した『スゴワザ』は、著者の約30年間に渡る幼児教育の経験に基づいた内容を基に構成していますが、お子様によっては有効に作用しないケースも考えられます。ご了承ください。